LECTURA
FÁCIL

ENSÉÑANOS
A ORAR

Cómo el padrenuestro
transforma nuestra
vida de oración

EMANUEL ELIZONDO

Enséñanos a orar: Cómo el padrenuestro transforma nuestra vida
de oración

B&H Publishing Group
Nashville, TN 37234

Diseño de portada y ilustración por Matt Lehman

ISBN: 978-1-0877-3192-6

Impreso en EE. UU.
2 3 4 5 6 7 8 * 24 23 22 21 20

A mis padres,
quienes me enseñaron a orar.

CONTENIDO

Prefacio a la serie

Leer no tiene que ser difícil, ni mucho menos aburrido. El libro que tienes en tus manos pertenece a una serie de *Lectura fácil*, la cual tiene el propósito de presentar títulos cortos, sencillos, pero con aplicación profunda al corazón. La serie *Lectura fácil* te introduce temas a los que todo ser humano se enfrenta en la vida: gozo, pérdidas, fe, ansiedad, dolor, oración y muchos más.

Este libro lo puedes leer en unas cuantas horas, entre descansos en tu trabajo, mientras el bebé toma su siesta vespertina o en la sala de espera. Este libro te abre las puertas al mundo infinito de la literatura, y mayor aún, a temas de los cuáles Dios ha escrito ya en Su infinita sabiduría. Los autores de estos libros te apuntarán hacia la fuente de toda sabiduría: la Palabra de Dios.

Mi oración es que este pequeño libro haga un gran cambio en tu vida y que puedas regalarlo a otros que van por tu misma senda.

Gracia y paz,

Giancarlo Montemayor
Director editorial, Broadman & Holman

Introducción

¿Crees que es importante orar?

Si eres creyente, estoy seguro de que lo crees. Difícilmente encontrarás a un cristiano que piense que orar no es importante. O que es una pérdida de tiempo.

Casi todos reconocemos que hablar con Dios debe ser un hábito fundamental en nuestra vida. El problema, por supuesto, es pasar del conocimiento a la práctica.

Quisiera preguntarte: ¿cómo está tu vida de oración? Les he hecho esta pregunta a varias personas, y casi siempre la respuesta es bajar un poco la cabeza, desviar la mirada, y decir entre dientes algo como: «No tan bien como debería...».

Pues bien, si ese es tu caso, estás en buena compañía, pues incluso los apóstoles de Jesucristo luchaban con ello.

ORAR ES DIFÍCIL

Jesús se encontraba en el jardín de Getsemaní orando. La Escritura nos dice que oraba con tal intensidad, que nuestro Señor sudaba gotas de sangre (Luc. 22:44). Jesucristo agonizaba porque estaba al tanto de que pronto colgaría de la cruz del Calvario, donde sufriría por primera vez el desamparo de Su Padre.

Puesto que se encontraba en Sus últimas horas antes del sufrimiento, Jesús había llevado consigo a Sus apóstoles, a los cuales les dio una sencilla instrucción: «Siéntense aquí mientras voy más allá a orar» (Mat. 26:36). Solo Sus tres apóstoles más cercanos, Pedro, Juan y Jacobo, pudieron estar cerca de Él en este tiempo (Mat. 26:37). A estos tres apóstoles les dijo Jesús: «Es tal la angustia que me invade, que me siento morir [...]. Quédense aquí y manténganse despiertos conmigo» (Mat. 26:38).

Una instrucción sencilla, ¿no? No les pidió prepararse para la batalla. Tampoco estar listos para dar su vida por Él. Ni siquiera estar dispuestos a ser crucificados junto con Él. En estos momentos de intensa dificultad, todo lo que quería Jesucristo era que Sus discípulos, Sus amigos más cercanos, oraran con Él.

Lo que sucede a continuación es triste. Jesucristo regresa y encuentra a Sus mejores amigos... dormidos. «¿No pudieron mantenerse despiertos conmigo ni una hora? —le dijo a Pedro—. Estén alerta y oren para que no caigan en tentación. El espíritu está dispuesto, pero el cuerpo es débil» (Mat. 26:40b-41).

Uno pensaría que, después de este regaño, no volvería a suceder. Sin embargo, vuelve a pasar una segunda y tercera vez. Los discípulos tenían demasiado sueño (Mat. 26:43), y simplemente no pudieron mantenerse alerta orando.

La reprensión de Jesucristo va directo al corazón del problema cuando se trata de nuestra falta de oración. «El espíritu está dispuesto». Espiritualmente sabemos que necesitamos orar para no caer en tentación. Entendemos la importancia de la oración. Sabemos que es fundamental para nuestro crecimiento espiritual. Pero tenemos un problema del cual no podemos deshacernos por completo: «el cuerpo es débil». Orar es difícil no porque sea particularmente complicado elevar una oración a nuestro Padre celestial. Más bien, el problema es nuestra propia pecaminosidad y nuestras limitaciones como seres humanos.

Como alguien mencionó, muchas veces decimos que somos creyentes, pero vivimos como si fuéramos incrédulos. ¡Qué tragedia!

Quizás te sientas identificado con los discípulos de Jesucristo. Puede ser que hayas o estés experimentando un adormecimiento espiritual con respecto a la oración.

Pues bien, el que estés leyendo este libro habla sobre tu deseo de cambiar. Eso es bueno. El primer paso para cambiar es reconocer que hay un problema.

Si queremos transformar nuestra vida de oración, debemos estar absolutamente convencidos de la importancia de orar.

ORAR ES IMPORTANTE

Tal vez te hagas la pregunta que muchos cristianos se han hecho antes: si Dios ya sabe lo que

voy a decir, ¿cuál es el punto de orar? La misma
Escritura afirma que «aún no está la palabra en
mi lengua, y he aquí, oh Jehová, tú la sabes toda»
(Sal. 139:4, RVR60).

Es cierto que Dios es omnisciente y, por lo tanto, Él ya sabe todo lo que vamos a pedir. Aun más,
¡Él ya sabe cómo contestará nuestras oraciones!

Sin embargo, Dios quiere que verbalice-
mos nuestras oraciones. Que las expresemos.
Que las expongamos delante de Él y de otros
(Sant. 5:16).

¿Por qué? Veamos varias razones.

Porque Dios lo manda

Debemos comenzar aquí. Dios manda que oremos.

Si Dios lo sabe todo (Isa. 46:9-10; Dan. 4:35),
y si Dios es el creador soberano del universo
(Dan. 4:35), y si Dios es amor (1 Jn. 4:8,16),
quiere decir que Él sabe lo que es mejor para nosotros que somos Sus hijos.

Puedes estar seguro de eso. Si te has arrepen-
tido de tus pecados y has creído de todo corazón
en Cristo Jesús, entonces has sido hecho hijo de
Dios (Juan 1:12) y tienes la vida eterna asegura-
da (Juan 10:28; 1 Jn. 5:11-12). Ese Dios que te
ha hecho parte de Su familia, que te ha salvado
por Su pura gracia, que te ha vivificado espiritualmente, y que sabe lo mejor para ti, es el mismo que te pide orar.

Mira estos ejemplos:

Oren sin cesar (1 Tes. 5:17).

Jesús les contó a sus discípulos una parábola para
   mostrarles que debían orar siempre, sin desanimarse (Luc. 18:1).

Dedíquense a la oración: perseveren en ella con
   agradecimiento (Col. 4:2).

No se inquieten por nada; más bien, en toda
   ocasión, con oración y ruego, presenten sus
   peticiones a Dios y denle gracias (Fil. 4:6).

Como puedes ver, en la mente de Dios, la oración no es opcional. Es un mandato para cada uno
de Sus hijos. Dios no lo mandaría a menos que sea
porque lo necesitamos desesperadamente.

Porque Dios es una Persona

La preciosa y bíblica doctrina de la Trinidad enseña que el Dios bíblico, el Dios de los cristianos, es un Dios en tres Personas. Como dice el
antiguo credo cristiano: una misma esencia, tres
diferentes personas.

Cuando se trata de la oración, entender la
personalidad de Dios te ayudará a comprender
la importancia de orar. El que Dios sea un Dios
personal, Padre, Hijo y Espíritu, nos recuerda que
nos relacionamos con Él como una persona, y no
como si fuera algún tipo de fuerza.

¿Cuáles son las propiedades de una persona?
Por mencionar algunas: existencia, voluntad,
intelecto... Dios no es una fuerza. Es un ser que
existe, que tiene voluntad y mente.

Por lo tanto, la oración nos recuerda que estamos hablando con un Dios personal, un Dios con el cual podemos hablar, un Dios que quiere escucharnos.

Por eso Él puede afirmarle al profeta Jeremías: «Clama a mí, y yo te responderé, y te enseñaré cosas grandes y ocultas que tú no conoces» (Jer. 33:3, RVR60).

Así como Dios nos habla a través de la Biblia, por medio de la oración nosotros hablamos con Dios.

Porque la Biblia lo modela

A lo largo de la Escritura vemos la importancia de pasar tiempo en oración con Dios. Los grandes siervos de Dios se caracterizaban por hablar con Dios de manera íntima.

Piensa, por ejemplo, en Abraham. Cuando Dios le dijo Sus planes sobre destruir a Sodoma y Gomorra, el patriarca sostuvo una conversación con Dios (Gén. 18:16-33). Tal era la relación entre Abraham y Dios que fue llamado «amigo de Dios» (2 Crón. 20:7; Sant. 2:23). ¡Qué privilegio tan grande que nosotros, al igual que Abraham, podamos ser amigos de Dios (Juan 15:14)!

¿Recuerdas la historia de Elías y los profetas de Baal (1 Rey. 18:20-40)? Cuando los falsos profetas no logran hacer descender fuego del cielo, ¿qué hace Elías? Ora a Dios (1 Rey. 18:36-37). Dios responde haciendo caer fuego del cielo que consume el altar entero (1 Rey. 18:38).

Así como estos ejemplos, pudiéramos pasar tiempo considerable examinando la vida de oración de reyes, como David y Salomón, de pro-

fetas, como Daniel e Isaías, de sacerdotes, como
Esdras, y de apóstoles, como Pedro y Pablo.

Por toda la Biblia se ejemplifica la importancia y el poder de la oración.

Porque la oración nos cambia

A veces oramos porque pensamos que el propósito principal de la oración es cambiar la mente
de Dios. Creemos que, si insistimos lo suficiente,
Dios se verá de alguna manera *obligado* a cumplir
con nuestras demandas.

Sin embargo, Dios es inmutable. Eso quiere decir que no cambia (Mal. 3:6). Jesús «es el
mismo ayer, y hoy, y por los siglos» (Heb. 13:8).
Dios, en Su misericordia, ha decidido que la
oración sea un medio eficaz por el cual se llevan
acabo Sus propósitos eternos. En otras palabras,
desde la eternidad pasada, Dios ha incluido tus
oraciones en Sus decretos. Por lo tanto, «la oración eficaz del justo puede mucho» (Sant. 5:16).
¡Sí, la oración cambia cosas!

Pero es importante que sepas que, de una
manera muy real, la oración nos cambia primeramente a nosotros mismos. Cuando alineamos
nuestra voluntad a la Suya, nuestro corazón es
transformado porque nos sometemos a la voluntad de Dios.

Así lo dijo el salmista: «El hacer tu voluntad,
Dios mío, me ha agradado, y tu ley está en medio
de mi corazón» (Sal. 40:8, RVR60). Observa
bien la primera parte del versículo y su relación
con la segunda. El salmista buscaba hacer la voluntad de Dios, y la encontraba en Su ley, la cual

atesoraba en su corazón.

Eso quiere decir que, si tú quieres orar conforme a la voluntad de Dios, debes orar conforme a la Palabra revelada de Dios. Hablaremos más sobre esto a lo largo del libro.

Porque Jesús lo ejemplifica

Sin duda alguna, esta es la razón más importante. Debemos orar... ¡porque Jesucristo oró! Y no solo nos puso el ejemplo, sino que además nos mandó a hacerlo, y nos ha enseñado cómo hacerlo.

En el próximo capítulo analizaremos la vida de oración de Jesucristo. Mientras llegas allí, quiero que pienses esto: Jesús es Dios el Hijo, por quien el universo fue creado y por quien todas las cosas subsisten (Col. 1:16-17). Quizás pensarías que si alguien no necesitaba orar mucho, sería Él. ¡Es Dios, después de todo!

Sin embargo, Jesucristo pasaba bastante tiempo orando. Eso debe decirnos algo.

ORAR ES POSIBLE

Pudiera ser que al ver los ejemplos en la Biblia te sientas un poco desanimado. «Yo no soy como ellos —podrías pensar—. ¡Soy un cristiano normal!». Vemos a Elías orar y desciende fuego del cielo, y pensamos que nunca podríamos ser como él, ni siquiera acercarnos un poco.

Sin embargo, Jacobo nos recuerda que «Elías era un hombre con debilidades como las nuestras. Con fervor oró que no lloviera, y no llovió sobre la tierra durante tres años y medio» (Sant.

5:17).

¡Cobra ánimo! El que estés leyendo este libro habla de tu deseo por profundizar en tu vida de oración. Ese es un buen deseo. Es un deseo que yo mismo tengo.

En las próximas páginas estaremos explorando una de las porciones más hermosas en toda la Biblia: el padrenuestro (Mat. 6:9-13; Luc. 11:1-4). Sin embargo, antes de continuar, me parece importante dar una palabra de precaución, puesto que la oración de Jesús ha sido malentendida históricamente. El padrenuestro es un modelo de oración. Es un patrón que Jesucristo nos dejó para que oremos usando los principios que aprendemos en él. Un par de versículos antes del padrenuestro, Jesús nos advierte: «Y orando, no uséis vanas repeticiones, como los gentiles, que piensan que por su palabrería serán oídos» (Mat. 6:7, RVR60). Esta palabra de precaución es importante, y vale la pena que la obedezcamos.

En las próximas páginas encontrarás un estudio práctico y profundo del padrenuestro. Al examinar cuidadosamente este modelo de oración, podremos ver cuáles deben ser las prioridades en nuestra oración, para que podamos orar de acuerdo a la voluntad de nuestro Padre, y para que podamos orar como Jesús.

Orar como Jesús

«Señor, enséñanos a orar...»
(Luc. 11:1).

No podía creer lo que acababa de ver.

Tengo un hijo pequeño que aún no habla. Tampoco camina todavía, pero gatea para todos lados. Y siempre se mete cosas a la boca que no debería.

—Hijo, *no* —le decimos.

Aunque está pequeño, por supuesto que entiende. ¡Los bebés son extremadamente inteligentes! En esta ocasión, vi que mi hijo miraba una basura en el piso, y yo sabía bien a dónde iría a parar: en su boca.

—Hijo —le dije—, no te metas eso a la boca.

Acto seguido, mi pequeño bebé, con su cara inocente, me miró fijamente, fingió meterse la basura a la boca, y fingió masticarla. No solamente lo hizo una vez, sino dos y hasta tres veces.

Allí estaba mi hijo, deliberadamente engañándome. Y lo primero que pensé fue: «¿Y quién le enseñó eso?». ¿Cómo es que podía hacer algo tan sofisticado como aparentar llevarse algo a la boca y masticarlo?

Los niños aprenden por observación e imitación. Así como los bebés aprenden por imitación, los adultos también. Cuando se trata de la oración, es fácil imitar patrones incorrectos que vemos o escuchamos en otros. Por lo tanto, necesitamos ser enseñados. Es cierto que hay un aspecto intuitivo sobre orar. Cuando una persona está en medio de una dificultad, eleva una oración por instinto natural.

Sin embargo, *orar bíblicamente* no viene por instinto. De forma natural oramos de acuerdo a nuestros pensamientos. Pero la oración bíblica es aquella que se hace de acuerdo a los pensamientos de Dios. Es por eso que debemos escuchar a Jesucristo cuando nos enseña sobre la oración.

LOS DISCÍPULOS Y LA ORACIÓN

Los discípulos de Jesucristo tenían el privilegio de seguirlo a dondequiera que iba. Lo escuchaban en el camino. Lo observaban cuando enseñaba. Lo obedecían cuando les mandaba algo. Jesucristo estaba moldeando a Sus apóstoles al enseñarles a través del ejemplo y la palabra.

Lucas 11 nos cuenta que en una ocasión «estaba Jesús orando en un lugar, y cuando terminó, uno de sus discípulos le dijo: Señor, enséñanos a orar, como también Juan enseñó a sus discípulos» (Luc. 11:1, RVR60).

Un momento. ¿Enseñarles a orar? Llevaban ya tiempo con Jesucristo, ¿y todavía no sabían cómo? Además, eran hombres judíos. Habían escuchado la oración en la sinagoga desde pequeños. Muy probablemente sus propios padres oraban en sus hogares al despertarse, al bendecir los alimentos, durante el día, antes de acostarse...

Sin embargo, los apóstoles querían que Cristo les enseñara a orar.

Una cosa es aprender sobre la oración de otros seres humanos. Otra muy diferente es aprender del mismísimo Mesías, el Hijo de Dios.

Entonces, aunque por un lado nos sorprende que los apóstoles hicieron esta pregunta, por el otro, ¡estamos agradecidos! Porque gracias a ello tenemos un ejemplo hermoso de un modelo de oración modelado por Jesús.

Si tú quieres profundizar en tu vida de oración, debes comenzar reconociendo que necesitas ser enseñado. Es necesario dejar el orgullo. Debemos ser «enseñables».

¿Reconoces que necesitas aprender a orar? Muchos cristianos reconocen que necesitan fortalecer su vida de oración, o la constancia en la oración, pero no siempre admiten que su necesidad va más allá. Es decir, que no solamente el problema está en cuánto tiempo pasan orando, sino en cómo pasan el tiempo orando.

A lo que me refiero es que, en mi vida cristiana, he escuchado probablemente miles de oraciones. Y algunas de ellas son oraciones que, aunque sinceras, no están informadas por la Palabra. ¡Yo mismo necesito seguir aprendiendo a orar!

Es por eso que, si quieres profundizar en tu vida de oración, debes adoptar la misma posición de los discípulos que dijeron: «Enséñanos a orar».

JESÚS Y LA ORACIÓN

Los discípulos, sabiamente, le preguntaron a su maestro. Jesús no era el único maestro en Judea. Había decenas de líderes religiosos y expertos en la ley de Dios. Podrían haber ido a preguntarles a algunos de ellos. Es más, antes de que conocieran a Jesús, ¡probablemente habrían ido con ellos!

Sin embargo, los discípulos van a su rabí. Van a Jesucristo. Porque saben que están delante de uno que es más que tan solo un maestro.

Jesús es el maestro de milagros, el Señor del día de reposo, el que enseña con autoridad, el que calma la tempestad, el que alimentó a los cinco mil, el que se transfiguró delante de ellos...

Dicho en una oración, Jesucristo era exactamente lo que dijo Pedro: «Tú eres el Cristo, el Hijo del Dios viviente» (Mat. 16:16).

Los apóstoles sabían que podían preguntarle a su maestro porque no les respondería tan solo con una enseñanza teórica. La vida de oración de Cristo era patente. Por eso escuchan cuando Él les dice: «Vosotros, pues, oraréis así» (Mat. 6:9, RVR60).

Marcos el evangelista nos cuenta que «muy de madrugada, cuando todavía estaba oscuro, Jesús se levantó, salió de la casa y se fue a un lugar solitario, donde se puso a orar» (1:35). Jesús era un hombre ocupado. Tanto que a veces no tenía ni tiempo para comer (3:20; 6:31). Pero la oración era tan importante para Él que sale a un lugar solitario, antes de que se asomara el sol, para pasar tiempo con Su Padre celestial.

El Evangelio de Lucas, particularmente, enfatiza la vida de oración de Cristo. Nos dice que Jesucristo «solía retirarse a lugares solitarios para orar» (5:16). Que pasaba toda la noche orando (6:12). En Lucas 18, Jesús cuenta una parábola «para mostrarles que debían orar siempre, sin desanimarse» (18:1).

Rumbo al final de Su ministerio, cuando Jesucristo se dirigía al monte de los Olivos para orar fervientemente antes de ser traicionado y, finalmente, crucificado, Lucas nos cuenta un detalle interesante cuando dice: «y, *como de costumbre*, se dirigió al monte de los Olivos» (22:39, énfasis agregado). Esto nos dice que para Jesucristo, el Señor del universo, la oración no era un pensamiento extra, una actividad opcional, un elemento más en la lista de quehaceres del día. No. Era Su costumbre. Era una práctica diaria. Era fundamental en Su vida.

El autor de Hebreos escribe: «En los días de su vida mortal, Jesús ofreció oraciones y súplicas con fuerte clamor y lágrimas al que podía salvarlo de la muerte, y fue escuchado por su reverente sumisión» (5:7).

Fíjate bien cómo describe el autor de Hebreos la oración de Jesucristo: «ofreció oraciones y súplicas con fuerte clamor y lágrimas». La oración de Cristo no era automática y seca, sino real, profunda, emocional.

Pero ¿por qué oraba Jesucristo así? ¿Por qué la súplica, el clamor y las lágrimas? Si no tenemos cuidado, podríamos pensar que aparenta una falta de confianza en la soberanía de Dios. A veces podemos caer en la trampa de pensar que, puesto que Dios ya todo lo sabe, y nada puede cambiar Su pensamiento, solo podemos ofrecer oraciones frías y robóticas porque, al final, no importa.

¡Eso es un error!

Observa, de nuevo, la oración del Señor. Jesús ora de esa manera no porque haya dejado de confiar en la voluntad de Dios. Eso sería pecado, y Jesucristo jamás pecó.

Más bien, la oración de Jesucristo es una oración que refleja Su verdadera humanidad. Nuestro Señor no fue solo hombre. Tampoco fue un súper hombre.

Jesús es verdadero Dios y verdadero hombre.

Jesús nació (Gál. 4:4), tuvo hambre (Mar. 11:12), lloró (Juan 11:35), se cansó (Juan 4:6). La humanidad de Cristo es tal que fue «uno que ha sido tentado en todo de la misma manera que nosotros, aunque sin pecado» (Heb. 4:15).

De manera que Jesús ora como una persona humana dirigiéndose a otra Persona, a Su Padre (mira, por ejemplo, Juan 11:41-42).

Jesucristo hombre no tenía una conexión mística con Dios a la cual nosotros no tenemos acceso. Él, cuando se despojó al tomar forma de siervo (Fil. 2:7), al asumir la naturaleza huma-

na, asumió también las «limitaciones» de ser
un humano. Es por eso que Jesucristo dependía
en todo del Espíritu Santo (ver Isa. 61:1-2; Luc.
4:1;14; Hech. 10:38), así como nosotros debemos hacerlo. Solo que Él lo hizo de manera per-
fecta, y nosotros no.

Así que Jesús también, por medio del poder
del Espíritu en Su vida, tenía que orar como nosotros.

¡Qué grandioso es nuestro Señor! Él se identi-
ficó con nosotros hasta el punto de comunicarse
con Dios de la manera que nosotros lo hacemos:
a través de la oración ferviente.

LA IGLESIA PRIMITIVA Y LA ORACIÓN

El Nuevo Testamento enseña que los seguidores
de Jesucristo deben hablar con Dios siguiendo el
patrón y la enseñanza que Cristo dejó.

La iglesia primitiva siguió el ejemplo de Jesucristo. En Hechos 1:14 se dice que «todos [los
creyentes], en un mismo espíritu, se dedicaban a
la oración...». Un poco más adelante, se describe
a los primeros creyentes así: «Se mantenían fir-
mes en la enseñanza de los apóstoles, en la comunión, en el partimiento del pan y en la oración»
(Hech. 2:42).

Un episodio impactante sucede en Hechos 4.
Después de que Pedro y Juan testifican delante
del concilio judío, el cual los amedrenta antes
de ponerlos en libertad (4:1-22), los creyentes
se reúnen y piden valor a su «soberano Señor»
(4:24), reconociendo que Él está en control. En-

tonces, el lugar en el que estaban tembló, fueron
llenos del Espíritu, y hablaban con valentía la Palabra de Dios.

Pero algo sucede *antes* del temblor. Dice así el
pasaje: «*Después de haber orado*, tembló el lugar
en que estaban reunidos» (4:31, énfasis agregado). El texto parece indicar que el temblor es un
resultado directo en respuesta a la oración.[1] La
oración, una vez más, es un elemento fundamental en la vida y el poder en la iglesia.

La importancia de la oración en la iglesia primitiva se sigue destacando por todo el libro de
los Hechos. Por ejemplo, los apóstoles nombran
siete diáconos para que ellos pudieran dedicarse
«de lleno a la oración y al ministerio de la palabra» (Hech. 6:4). Posteriormente, en Hechos 8,
Pedro y Juan oran por los samaritanos para que
reciban el Espíritu Santo (8:15).

Otro ejemplo es Cornelio, el centurión romano. Esta es la descripción que se nos da de él:
«Él y toda su familia eran devotos y temerosos
de Dios. Realizaba muchas obras de beneficencia
para el pueblo de Israel y oraba a Dios constantemente» (Hech. 10:2). Dios envía en visión a un
ángel, quien se le aparece al centurión y le dice:
«Dios ha recibido tus oraciones y tus obras de
beneficencia como una ofrenda» (Hech. 10:4).
El ángel da instrucciones de que mande a bus-
car al apóstol Pedro. Dios se aparece en visión a

---

[1] Ver John B. Polhill, *Acts*, vol. 26, The New American Commentary
(Nashville: Broadman & Holman Publishers, 1992), 150. También I.
Howard Marshall, *Acts: An Introduction and Commentary*, vol. 5, Ty-
ndale New Testament Commentaries (Downers Grove, IL: InterVarsity
Press, 1980), 113.

Pedro mientras oraba (Hech. 10:9), y el apóstol termina visitando al centurión romano, quien se convierte a Jesucristo con toda su casa (Hech. 10:44).

Tiempo después, Pedro es puesto en la cárcel. ¿Qué hacía la iglesia? «... la iglesia oraba constante y fervientemente a Dios por él» (Hech. 12:5). Dios responde a las oraciones de los hermanos y saca al apóstol de la cárcel mediante un ángel. Al salir, se dirige a la casa de María, madre de Juan Marcos, «donde muchas personas estaban reunidas orando» (Hech. 12:12). ¡Qué sorpresa se llevaron al ver la poderosa contestación a sus oraciones!

Vemos, entonces, que los primeros creyentes imitaron el ejemplo y la enseñanza de Jesucristo sobre la oración.

Pablo y la oración

Llegamos a la vida del famoso apóstol a los gentiles: Pablo. Cuando lo conocemos, es un fariseo que odia a la iglesia cristiana y busca perseguirla (Hech. 9:1-2). Sin embargo, de camino a Damasco se le aparece el Cristo resucitado (Hech. 9:4-5) y su vida cambia drásticamente.

Pablo se queda ciego después de la aparición de Jesús. Así que Dios manda a un hombre llamado Ananías, al cual le da instrucciones de visitar a Pablo y restaurar su vista. Le dice: «Anda, ve a la casa de Judas, en la calle llamada Derecha, y pregunta por un tal Saulo de Tarso. Está orando...» (Hech. 9:11). ¡Lo primero que hizo Pablo

fue ponerse a orar! Y Dios contesta su oración
al mandar a Ananías para auxiliarlo y darle un
mensaje de parte de Dios.

La vida y las cartas del apóstol Pablo reflejan
esta enseñanza Cristo-céntrica de la oración.
Pablo escribe a los creyentes y les dice que está
orando por ellos (ver Rom. 1:9; Ef. 1:16; Fil. 1:4;
Col. 1:3; 2 Tes. 1:11). A los romanos les ordena
que «perseveren en la oración» (Rom. 12:12) y
les pide que oren por él (Rom. 15:30).

De la misma manera que Jesucristo oró y su-
plicó, Pablo sigue el mismo patrón. Observa en
estos ejemplos el énfasis del apóstol en la oración
y súplica:

> Oren en el Espíritu en todo momento, con
> peticiones y ruegos. Manténganse alerta y
> perseveren en oración por todos los santos
> (Ef. 6:18).

> No se inquieten por nada; más bien, en toda
> ocasión, con oración y ruego, presenten sus
> peticiones a Dios y denle gracias (Fil. 4:6).

> Dedíquense a la oración: perseveren en ella con
> agradecimiento (Col. 4:2).

> Así que recomiendo, ante todo, que se hagan
> plegarias, oraciones, súplicas y acciones de
> gracias por todos, especialmente por los go-
> bernantes y por todas las autoridades...
> (1 Tim. 2:1-2).

Oren sin cesar (1 Tes. 5:17).

Pablo aprendió rápidamente a seguir el ejemplo de su Señor.

Nosotros y la oración

Hemos visto que toda la Escritura nos apunta, sin lugar a dudas, a la importancia de la oración. Esa fue la práctica de los patriarcas, reyes piadosos y profetas, al igual que de los apóstoles y la iglesia primitiva.

Pero el ejemplo más importante es el de nuestro Señor Jesús. La Iglesia, el cuerpo de Cristo, mira a Jesús que es la cabeza y sigue Su ejemplo. Es por eso que es tan importante entender lo que Jesucristo enseñó sobre la oración.

Por supuesto, el padrenuestro no es el único ejemplo de oración que dejó Jesucristo. Pero es fundamental porque es la única instrucción específica sobre la oración en toda la Escritura. Es la única vez que vemos a Dios decir: «Vosotros, pues, oraréis así» (Mat. 6:9, RVR60).

Pongamos, entonces, mucha atención a la instrucción de nuestro Salvador.

2

Dios es tu Padre

«Padre nuestro que estás en los cielos...»
(Mat. 6:9).

«Mi papá es más valiente que el tuyo».

Quizás dijiste una frase como esta cuando eras pequeño. La dijiste porque te sentías orgulloso de tu papá. Era tu héroe.

Yo tuve, providencialmente, la fortuna de crecer en un hogar cristiano, con padres que aman a Jesucristo.

Por lo tanto, desde chico hasta hoy, me siento orgulloso de mi padre. Recuerdo que, cuando me tocaba competir en las carreras de 100 metros planos, en las «miniolimpiadas» del colegio, papá me llevaba días antes a algún parque para entrenarme para la carrera.

Cuando finalmente llegaba el día, papá me daba una instrucción muy clara:

«Cuando comience la carrera, no mires ni a derecha ni a izquierda. Mantén tu vista en la meta. Yo estaré al final, en la línea de meta. Mírame a mí».

Sonaba el silbato. Comenzaba la carrera. Y en esos segundos que duraba, las palabras de mi padre retumbaban en mi cabeza. No podía mirar mas que al frente, pues de lo contrario perdería fracciones de segundo que podían costarme la medalla de primer lugar.

Allí, al final, en la línea de meta, estaba mi padre, saltando, agitando las manos, animándome a continuar.

Ese es mi padre.

Dios es Padre

Hay dos pasajes en los Evangelios donde vemos relatada la enseñanza de Jesucristo sobre la oración, lo que conocemos como el padrenuestro. Estos dos pasajes son Mateo 6:9-13 y Lucas 11:1-4.

En las dos ocasiones, la instrucción de Jesucristo comienza con la misma palabra: Padre.

Esto podrá parecernos común a nosotros, pero era una enseñanza revolucionaria en el primer siglo. En el Antiguo Testamento se hacen varias referencias a Dios como padre, pero no son muchas.

Por ejemplo, temprano en la vida del pueblo de Israel, Dios declara con respecto a ellos: «Israel es mi primogénito» (Ex. 4:22). Otro ejemplo lo encontramos en Deuteronomio 32:6, unas palabras fuertes contra el pueblo israelita, quien se rebelaba constantemente en contra de Dios: «¿Y así le pagas al SEÑOR, pueblo tonto y necio? ¿Acaso no es tu Padre, tu Creador, el que te hizo y te formó?».

El salmista escribe: «Padre de huérfanos y defensor de viudas es Dios en su santa morada» (Sal. 68:5). Y el profeta Isaías tres veces dice con respecto a Dios: «tú eres nuestro padre» (Isa. 63:16; 64:8). Con respecto al futuro siervo de Jehová, el Mesías prometido, Isaías dice que será «Padre eterno» (Isa. 9:6).

Así que, por un lado, Jesucristo no está dando una enseñanza novedosa, algo que nunca había sido revelado en la Palabra de Dios. Sin embargo, en los tiempos de Jesucristo se había perdido la práctica de llamar a Dios por Su nombre. Aunque en el Antiguo Testamento Dios había declarado Su nombre como Jehová (Ex. 6:3)[2], Su nombre de pacto, el cual usaban los patriarcas para referirse a Dios, en el tiempo de Jesucristo ese nombre no se pronunciaba. La razón era que los religiosos habían añadido a sus tradiciones que, para no tomar el nombre de Dios en vano (Ex. 20:7), debía evitarse su pronunciación por completo. De esa manera, trágicamente, el pueblo judío dejó de usar el nombre propio de Dios, Su nombre de pacto.

En lugar de eso, los israelitas tradicionalmente se referían a Dios como «Ha Shem», que en hebreo significa: «El Nombre». Y cuando leían la Escritura hebrea y llegaban a una porción en donde se mencionaba el nombre de Dios (en hebreo: YHVH), preferían decir «Adonai», que

---

[2] Del hebreo YHVH, llamado el «tetragramatón», o las cuatro letras. Este nombre se traduce como Jehová, Yahvéh, o el SEÑOR.

significa «Señor». Esa es, por cierto, la práctica judía hasta el día de hoy.

Por lo tanto, en su celo religioso, los fariseos y escribas habían perpetuado una falsa tradición, y habían prohibido la pronunciación del nombre de Dios.

Puedes, ahora, darte cuenta de lo impactante que debió haber sido cuando Jesucristo enseñó a Sus discípulos que podían referirse a Dios de una manera intensamente personal, como Padre.

Los fariseos, con su formalismo religioso, se habían alejado completamente del verdadero Dios. Y de paso, alejaron también al pueblo de Israel con sus muchas tradiciones.

Pero Jesucristo quiere que sepas que Dios es un Padre. Esta verdad nos apunta a varias realidades. El que Dios sea un padre significa, por ejemplo, que nosotros somos hijos. Él es el creador, el dueño, el principio, la fuente... ¡Él es el Padre!

DIOS ES TU PADRE

Pero la enseñanza de Jesucristo va más allá. No solamente Dios es un Padre. ¡Él es tu Padre!

Jesucristo dice: «Padre nuestro» (Mat. 6:9).

Esta es una verdad gloriosa. Si has venido por la fe a Jesucristo, y por lo tanto eres hijo de Dios, entonces el Dios Todopoderoso es tu Padre.

El Dios al que adoramos, el Dios a quien oramos, no solamente es el Dios. No solamente es el verdadero Dios. ¡Es nuestro Dios!

Todos hemos nacido en familias diferentes. Algunos, como yo, nacieron en familias cristianas con padres temerosos de Dios. Pero quizás ese no sea tu caso. Puede ser que hayas crecido con un padre distante, violento, alcohólico, o algo incluso peor. Una situación así destroza corazones y vidas.

Si estás en esa situación, no quisiera minimizar el dolor por el cual hayas pasado o estés pasando. Pero permíteme decirte una verdad gloriosa que, mientras más medites en ella, y mientras más dejes que impregne tu corazón y tu vida entera, traerá a tu vida un gozo indescriptible. La verdad es esta:

Dios es tu Padre.

Piensa en eso. ¡Tienes un Padre perfecto! Este Padre siempre busca lo mejor para ti. Nunca duerme ni se distrae. Te conoce desde antes de que existieras. Tiene un plan que ha diseñado para tu vida. Nada se sale de Su control. Siempre está cercano. ¡Dios es tu Padre!

Jesús lo dijo así: «Pues si ustedes, aun siendo malos, saben dar cosas buenas a sus hijos, ¡cuánto más su Padre que está en el cielo dará cosas buenas a los que le pidan!» (Mat. 7:11).

No importa cuál sea tu situación, puedes estar seguro de que Dios está al tanto. Te pregunto: ¿has orado a tu Padre celestial sobre esa situación que inquieta tu alma? ¿Te has postrado, como lo hizo Cristo (Mat. 26:39), para traer tu ruego ante Él?

Puesto que Dios es tu Padre celestial, Él quiere lo mejor para ti. Y más que otra cosa, lo que Él quiere es que crezcas espiritualmente.

Nosotros, puesto que nos es más fácil poner

nuestra mente en lo terrenal (Col. 3:2), tendemos a pedir por cosas terrenales: mis estudios, mi trabajo, mi familia, mi dinero...

¡Pero, principalmente, Dios busca tu bien espiritual! Como dijo Pablo: «La voluntad de Dios es que sean santificados» (1 Tes. 4:3).

La razón por la cual Dios busca primero nuestro bien espiritual es porque, sencillamente, eso es lo más importante. Cuando te enfocas en lo espiritual, todo lo demás pasa a segundo término. Cuando tu meta sea ser más como Cristo, podrás decir como Pablo:

> Sé lo que es vivir en la pobreza, y lo que es vivir en la abundancia. He aprendido a vivir en todas y cada una de las circunstancias, tanto a quedar saciado como a pasar hambre, a tener de sobra como a sufrir escasez. Todo lo puedo en Cristo que me fortalece (Fil. 4:12-13).

Eso, sin embargo, no quiere decir que tus necesidades físicas no sean importantes. La Biblia enseña que somos seres tanto materiales como inmateriales. Por un lado, tenemos un cuerpo. Y por el otro, tenemos un alma o espíritu. Estos dos aspectos están unidos a la perfección en tu persona, y se afectan mutuamente.

Es por eso que a Dios le preocupan también tus necesidades físicas, siempre y cuando las veas a la luz de lo eterno.

Por ejemplo, el salmista narra: «He sido joven y ahora soy viejo, pero nunca he visto justos en la miseria, ni que sus hijos mendiguen pan»

(Sal. 37:25). Cuando Jesucristo estuvo sobre la tierra, no solamente predicó y enseñó, sino que también sanó a los enfermos (Mat. 9:35). Cristo dio de comer a la multitud (Mat. 16:9-11). El profeta Isaías proclama que Jesucristo murió para vencer toda enfermedad (Isa. 53:4). Jacobo, en su epístola, da lineamientos de lo que se debe hacer cuando una persona está enferma (Sant. 5:14), lo que indica que la salud física es también importante.

Así que a Dios le interesa tu trabajo, tu techo, que tengas comida y también tu salud física. Más adelante examinaremos la enseñanza de Jesucristo en el padrenuestro cuando dijo: «El pan nuestro de cada día, dánoslo hoy» (Mat. 6:11, RVR60).

Si mantenemos el balance correcto, podremos estar contentos, como vimos que dice el apóstol Pablo en Filipenses 4:12.

El balance lo encontramos también en las palabras de Jesucristo:

> Así que no se preocupen diciendo: "¿Qué comeremos?" o "¿Qué beberemos?" o "¿Con qué nos vestiremos?" Los paganos andan tras todas estas cosas, pero el Padre celestial sabe que ustedes las necesitan. Más bien, busquen primeramente el reino de Dios y su justicia, y todas estas cosas les serán añadidas (Mat. 6:31-33).

¡Allí está la clave! En poner la mira en las cosas de arriba. Entonces podremos obedecer a Pablo cuando le dijo a Timoteo: «Así que, si tene-

mos ropa y comida, contentémonos con eso»
(1 Tim. 6:8), y lograremos huir de la «avaricia,
la cual es idolatría» (Col. 3:5).

DIOS ES TU PADRE PERFECTO

Así que Dios es Padre, y no cualquier Padre: es
nuestro Padre. Pero quisiera que vieras cómo Jesucristo describe a nuestro Padre: «Padre nuestro *que estás en el cielo...*» (Mat. 6:9, énfasis agregado).

Esta pequeña frase nos apunta a la trascendencia de Dios. «Trascendencia» no es una palabra
común. Cuando se usa con respecto a Dios, se refiere a que Él está por encima de todos nosotros.
Él es Creador, nosotros criaturas. Él es nuestro
dueño. Él es el Rey soberano del universo.

El contraste es con un padre que está en la tierra. Todos nosotros tenemos padres terrenales.
Y por más bueno que haya sido tu padre, es un
hombre pecaminoso. Imperfecto. Terrenal. De
hecho, si creciste con un padre ausente o que
nunca te demostró amor, en Dios encuentras al
Papá perfecto.

A diferencia de nuestros padres aquí en la tierra, Dios es nuestro Padre celestial.

Que Dios sea nuestro Padre celestial significa
varias cosas. Veamos algunas. Primero, nos habla
de que Él es un Padre omnipresente: Él está en
todo lugar. Dice el salmista: «Jehová está en su
santo templo; Jehová tiene en el cielo su trono;
sus ojos ven, sus párpados examinan a los hijos de
los hombres» (Sal. 11:4, RVR60). No hay nada

que se pueda escapar de los ojos de Dios. Esa es una gran noticia para aquellos que son hijos de Dios. ¡Nunca estás fuera de la vista de tu Padre celestial!

Otra implicación es que Dios es un Padre omnisciente. Es decir, Él todo lo sabe. Nada se escapa de Su conocimiento. No importa en dónde estés o cuál sea tu situación, Dios puede guiarte porque Él sabe la condición en la que te encuentras. Sobre eso escribió el salmista cuando dijo:

> ¿A dónde podría alejarme de tu Espíritu? ¿A dónde podría huir de tu presencia? Si subiera al cielo, allí estás tú; si tendiera mi lecho en el fondo del abismo, también estás allí. Si me elevara sobre las alas del alba, o me estableciera en los extremos del mar, aun allí tu mano me guiaría, ¡me sostendría tu mano derecha! (Sal. 139:7-10).

Una tercera implicación es que Dios es un Padre omnipotente. «Jehová estableció en los cielos su trono —escribe el rey David—, y su reino domina sobre todos» (Sal. 103:19, RVR60). O mira este otro salmo: «Nuestro Dios está en los cielos; todo lo que quiso ha hecho» (Sal. 115:3, RVR60).

¿Ves que Dios es un Padre totalmente diferente a los padres terrenales? Ningún padre puede hacer estas cosas. Pero Dios sí.

El apóstol Pablo entendió bien la enseñanza de Jesucristo. Antes de ser cristiano, Pablo tenía un entendimiento incorrecto de quién era Dios.

Tanto así que perseguía a la iglesia de Su Hijo Jesús.

Sin embargo, por la misericordia de Dios, Pablo aprendió quién era su Padre celestial, y lo hizo por medio de Jesucristo. Por eso escribió a los creyentes en la región de Galacia: «Ustedes ya son hijos. Dios ha enviado a nuestros corazones el Espíritu de su Hijo, que clama: "¡Abba! ¡Padre!"» (Gál. 4:6).

Fija tu mirada

Cuando yo competía en las carreras de 100 metros planos, mantenía mi vista enfocada en mi papá. Sabía que si quitaba mi mirada de él, perdería la carrera. ¡Así que mantenía mi vista en papá!

De la misma manera, fija tus ojos en tu Padre celestial. No quites tu mirada de Él. Él te conoce a la perfección y te ama con un amor profundo, tanto así que envió a Su Hijo para rescatarte y adoptarte como miembro de Su familia celestial.

Cualquiera sea tu situación, descansa en esta verdad: tienes un Padre celestial.

3

Primero lo primero

«... santificado sea tu nombre»
(Mat. 6:9).

Me gustan las rutinas. No me gusta cuando algo se sale del plan. También disfruto quedarme en casa. Soy una persona hogareña. Soy feliz con una taza de café y un buen libro.

Pero esa noche fue la excepción.

—Amor —le dije a mi esposa—, ¿te gustaría ver una lluvia de estrellas?

Mi esposa, que es más extrovertida que yo, accedió casi de inmediato. Puesto que vivimos en una gran ciudad, para ver la lluvia de estrellas, la cual sucedería esa noche, tuvimos que empacar algo de ropa para quedarnos a dormir en una casita a las afueras de la ciudad, donde el cielo es claro y nos permitiría ver el acontecimiento.

De acuerdo al periódico, la lluvia comenzaría

a las tres de la mañana. Puse mi alarma. Cuando dio la hora, salí.

Miré al cielo. Nada.

De repente... ¡una luz surcó el cielo! Minutos después, ¡otra! Desperté a mi esposa, y disfrutamos juntos de algo que jamás habíamos visto en la vida.

Cuando tienes una experiencia como esta, no puedes evitar pensar en lo grande que es Dios. Imagina solamente esto: de acuerdo a los científicos, hay miles de millones de galaxias en el universo. No estoy hablando de planetas. ¡Miles de millones de galaxias!

¡Qué grande es Dios! Cuando un atardecer nos quita el aliento, o presenciamos el nacimiento de un hijo u observamos un meteorito que ilumina el cielo por un momento fugaz, no podemos evitar dar gracias a Dios por ser un Dios grande, poderoso, santo. Queremos decírselo a todos. Que todos sepan que Dios es grande.

Esa, precisamente, debe ser nuestra prioridad: pregonar la grandeza de nuestro Dios.

DIOS COMO PRIORIDAD

La primera petición en el padrenuestro está centrada en Dios.

Jesucristo enseñó: «... santificado sea tu nombre» (Mat. 6:9; Luc. 11:2). Esto nos habla de la prioridad que Jesús pone sobre enfocar nuestras oraciones, primeramente, en Dios.

Muchos de nosotros, lamentablemente, iniciamos nuestras oraciones pidiendo algo casi de inmediato. Puede ser que no lo hagamos adrede, pero la realidad es que eso habla sobre lo que consideramos más importante.

Jesucristo quiere que tengamos oraciones centradas en Dios. Debemos poner primero lo primero. De lo contrario, no estaremos orando de la manera que Dios quiere.

Ahora bien, probablemente te estés preguntando: «¿Qué significa santificar el nombre de Dios?». Esa una pregunta fundamental.

Santificar Su nombre

Tu nombre es importante. La gente te conoce por tu nombre, te introduces usándolo y firmas documentos con él. Tu nombre tiene un significado, y por alguna razón tus padres te lo pusieron. Quizás tengas un nombre bíblico. Tal vez es un nombre tradicional en tu país. Puede ser que sea un nombre creativo, algo que tienes que explicar cuando te preguntan.

Entendemos bien la importancia de nuestro propio nombre. No nos gusta cuando alguien lo usa de una manera que consideramos como una falta de respeto. Queremos que nuestro nombre sea respetable, que la gente hable bien cuando lo use.

En la Biblia, el nombre de una persona es incluso más importante de lo que nosotros lo consideramos hoy en día. Los nombres de las personas se escogían con mucho cuidado, muchas veces en relación con el carácter.

Cuando se trata de Dios, Su nombre adquiere importancia por encima de cualquier nombre humano. La Biblia dice que Dios reveló Su nombre propio, Su nombre de pacto, primero a Moisés (Ex. 6:2-3). Esto es de extrema importancia en la historia de la revelación. Nos dice que Dios se ha revelado por nombre a Su pueblo. Al revelarse por nombre, Dios nos dice que Él no es un Dios distante, sino personal, cercano.

El nombre de Dios representa todo lo que Él es. A los israelitas les dijo que vivieran una vida santa «temiendo este nombre glorioso y temible, el SEÑOR tu Dios» (Deut. 28:58, LBLA). En el libro del profeta Isaías, Dios proclama: «Yo Jehová; este es mi nombre; y a otro no daré mi gloria, ni mi alabanza a esculturas» (Isa. 42:8, RVR60).

Pero ¿qué significa «santificado sea tu nombre»? La palabra «santificar» se refiere a considerar algo como santo, como apartado. En el caso de Dios, santificar Su nombre significa que nos referimos a Dios con la reverencia que se merece, y que deseamos que Su nombre sea honrado en nuestra vida y en la de todas las personas sobre la tierra. Santificar el nombre de Dios es desear que todo aquello que está relacionado con Él sea tratado con el debido respeto y honor que merece. Santificar Su nombre es anhelar aquel día cuando venga el reino eterno de nuestro Dios (Apoc. 20–22), y toda rodilla se doble ante Su Hijo (Fil. 2:9-11).

Puede ser que todavía tengas dudas sobre cómo podemos cumplir esa oración en nuestra vida diaria. Permíteme darte algunas sugerencias.

Santificado en nuestro hablar

«En las muchas palabras no falta pecado», dice Proverbios 10:19. Somos descuidados en la manera en que nos expresamos. Jacobo dice que «la lengua es un fuego, un mundo de iniquidad» (Sant. 3:6), y que por nosotros mismos somos incapaces de refrenarla (Sant. 3:8).

Por lo tanto, debemos ser especialmente cuidadosos con nuestro hablar. Eso incluye cuando hablamos acerca de Dios. En nuestra cultura es común usar el nombre de Dios con indiferencia, con desdén. Por si eso no fuera suficientemente malo, algunos usan el nombre de Dios o de Jesucristo para maldecir.

Medita en eso un poco. ¿Cómo te sentirías si las personas usaran tu nombre para maldecir? ¿Te sentirías halagado? ¡Por supuesto que no! Pensarías más bien que es una tremenda ofensa contra ti.

Sin embargo, nos hemos acostumbrado a ello. Inclusive entre cristianos, es usual escuchar que se use el nombre de Dios en vano, sin pensar, sin tener en cuenta la majestad de quién es Él, sin reflexionar en la importancia de siempre considerar todo lo que se refiere a Dios como santo, como apartado.

No estoy hablando de hacer lo que los fariseos, quienes dejaron de usar el nombre de pacto de Dios por completo. ¡Para nada! Es un gran privilegio para los que somos Sus hijos poder hablarle por Su nombre.

A lo que me refiero es que simplemente debemos hacer aquello que nos dice Jesucristo: santificar Su nombre.

¿Cómo es tu hablar cuando te refieres a Dios, o a las cosas que tienen que ver con Él? ¿Usas el nombre de Dios con honor y reverencia, o con indiferencia y desdén?

Recuerda que tenemos un Dios santo. Él es grande, asombroso, perfecto, y merece todo nuestro respeto y honor.

SANTIFICADO EN NUESTRAS ACCIONES

Santificar el nombre de Dios no es tan solo una idea abstracta. No es nada más un deseo que podemos mantener en nuestro pensar y hablar, pero que nunca se convierte en una acción.

La realidad es que, si eres cristiano, eres un representante de Dios aquí en la tierra. El apóstol Pedro enlaza la santidad de Dios con la nuestra: «sean ustedes santos en todo lo que hagan, como también es santo quien los llamó; pues está escrito: "Sean santos, porque yo soy santo"» (1 Ped. 1:15-16).

Por lo tanto, santificar el nombre de Dios va más allá de nuestro hablar. Debe afectar también nuestro actuar. Cuando nos comportamos de una manera que es digna de nuestro llamado como creyentes en Dios, estamos haciendo que Su nombre sea tomado por santo.

Lo contrario sucede cuando nos comportamos como incrédulos. En Romanos 2, el apóstol Pablo pone como ejemplo a una persona que se jacta de cumplir la ley de Dios, pero en realidad la quebranta con sus hechos. Se refiere a alguien que dice seguir a Dios, pero no lo demuestra con lo que hace. Sobre una persona así, dice Pablo, citando el Antiguo Testamento: «Por causa de ustedes se blasfema el nombre de Dios entre los gentiles» (Rom. 2:24).

¿Observas la relación entre el actuar y el blasfemar el nombre de Dios? Como hijos de Dios, nuestras acciones tienen repercusión sobre cómo la gente percibe y habla de Dios. No podemos desligarnos de la responsabilidad que tenemos de actuar conforme a lo que somos: representantes del Dios santo.

SANTIFICADO EN NUESTRA FAMILIA

Otro lugar en donde podemos santificar el nombre de Dios es en nuestra familia. Dios te ha puesto en la familia que te ha puesto, con sus defectos, problemas y retos.

Sin importar tu situación familiar, Dios puede usarte para que seas un agente de cambio en tu familia, para que el nombre de Dios sea considerado como santo entre tus familiares.

Conozco muchas personas con situaciones familiares complicadas. Sin embargo, cuando te pones como meta agradar a Dios y seguir a Jesucristo ante todo, y no agradarte a ti mismo, o incluso a algún miembro de la familia, las cosas comienzan a cambiar. Algunas veces el cambio es drástico y absoluto, otras veces es lento y paulatino, y en otras ocasiones el cambio no es aparente, y los frutos se verán hasta la eternidad.

Pero santificar a Dios en nuestra familia nunca es en vano. Hacerlo es posible en el poder del Espíritu. Cuando hablas, ¿reflejas la santidad de Dios? ¿Tus prioridades reflejan que Él es santo? ¿Tu uso del tiempo dice que Dios es lo más importante en tu vida? El día del Señor ¿lo usas para el Señor?

Si eres padre de familia, tienes la bendición particular y el mandato de Dios a dirigir espiritualmente a tu familia. Así que santificarás el nombre de Dios en tu familia al poner el ejemplo espiritual. ¿Cómo? Al amar a tu esposa con el amor de Cristo (Ef. 5:25), al ser un fiel seguidor de Cristo e incluso haciendo cosas prácticas como guiar a tu familia en un devocional familiar cada semana.

Si eres mamá, el amor y sujeción bíblica a tu esposo (Ef. 5:22-23) es una manera de demostrar que consideras a Dios como santo en tu vida. Una mujer que ama a Dios tomará fuerza en la gracia para ser como la mujer virtuosa de Proverbios 31.

Si eres hijo, una de las maneras principales en la cual estarás santificando a Dios en tu vida es por medio de la obediencia a tus padres (Ef. 6:1; Col. 3:20). A excepción de si te piden violar un mandato bíblico, Dios espera que los hijos obedezcan a sus padres en todo.

Cuando consideramos santo a Dios y a todo lo que Él representa, incluyendo Su santa Palabra, estaremos santificando Su nombre más allá de un mero deseo.

Santificado en el mundo

No podemos limitar el deseo de santificar el nombre de Dios a nuestra vida o a nuestro hogar. Todo verdadero creyente anhela que el nombre de Dios sea famoso en las naciones (Sal. 67:4). Tu deseo y el mío debe ser que se lleve a cabo la Gran Comisión (Mat. 28:19-20), que más personas escuchen el evangelio de Jesucristo y sean salvos por la fe en Él.

Queremos que todo el mundo llegue a considerar que Dios es santo. Por supuesto, esto no se cumplirá por completo en nuestra era. La oración del padrenuestro nos apunta a la era venidera, cuando Jesucristo regrese a la tierra a establecer Su reino eterno.

El día viene en que se cumplirá por completo este deseo:

> Para que ante el nombre de Jesús se doble toda rodilla en el cielo y en la tierra y debajo de la tierra, y toda lengua confiese que Jesucristo es el Señor, para gloria de Dios Padre (Fil. 2:10-11).

Se acerca el día, y cada vez está más cerca, en el que el nombre de Dios será santificado en toda la tierra. Todas las naciones cantarán Sus alabanzas, y vivirán a la luz de Él.

El deseo de nuestra alma

¿En qué piensas cuando ves un atardecer? ¿Cuál es tu reacción al ver las estrellas en una noche clara? Si eres hijo de Dios, estoy seguro de que produce en ti un profundo sentimiento de la grandeza de Dios y de lo pequeños que somos nosotros.

El deseo de nuestra alma debe ser, primeramente, que el nombre de Dios sea tomado por santo en el mundo. El gozo de nuestra alma no debería ser nuestro propio renombre, sino el renombre de Aquel que nos salvó.

Así que cuando ores, que tu prioridad sea Dios.

Viene lo mejor

«Venga tu reino»
(Mat. 6:10).

En mi librero tengo un libro especial. Tiene las hojas amarillas. Es un libro viejo. El título: *El libro de casos de Sherlock Holmes*. Déjame te cuento la historia de cómo llegó a mi librero.

Cuando era pequeño, mi padre viajaba al extranjero con relativa regularidad por cuestión de su trabajo. Normalmente, cuando regresaba a casa, me traía algún pequeño detalle. Pero cuando tenía unos nueve años, escuché sobre unos libros que se trataban de un detective llamado Sherlock Holmes, y tenía muchas ganas de leerlos.

Cuando mi padre salió de viaje, le pedí que, si podía, me consiguiera uno de los libros del famoso detective.

Una noche antes de que regresara de su viaje, sonó el teléfono de la casa (sí, de esos teléfonos con auricular y marcador rotatorio), y yo levanté el auricular al mismo tiempo que lo hizo mi madre en otra habitación.

Debo admitir que escuché secretamente la conversación entre papá y mamá. No recuerdo nada de la conversación, excepto cuando mi padre dijo:

—Le llevo a Emanuel el libro que me pidió.

Sentí un escalofrío de emoción. Con mucho cuidado para no alertarlos de mi espionaje, colgué el auricular. ¡Vaya que estaba feliz por el regreso de mi padre! No solamente tenía muchas ganas de verlo a él, sino que además me traería aquello que tanto deseaba.

El libro sigue en mi librero hasta hoy.

«VENDRÉ OTRA VEZ»

Esa historia me apunta a la mezcla de emociones que debieron experimentar los apóstoles cuando Jesucristo les dijo que se iría y regresaría. El Evangelio de Juan narra que cuando estaba el Señor con Sus discípulos en el aposento alto, poco tiempo antes de Su pasión y muerte, les dijo:

Mis queridos hijos, poco tiempo me queda para estar con ustedes. Me buscarán, y lo que antes les dije a los judíos, ahora se lo digo a ustedes: Adonde yo voy, ustedes no pueden ir (Juan 13:33).

Aunque ya varias veces Jesús les había hablado sobre Su muerte y resurrección, los discípulos todavía no entendían bien. Así que estas palabras de Jesús seguramente los estremecieron. ¿Cómo que se iba? ¿A dónde? ¿Por qué no lo podrían seguir?

En medio de esa incertidumbre, Jesús les da una preciosa promesa:

> En el hogar de mi Padre hay muchas viviendas;
> si no fuera así, ya se lo habría dicho a ustedes.
> Voy a prepararles un lugar. Y, si me voy y se lo
> preparo, vendré para llevármelos conmigo. Así
> ustedes estarán donde yo esté (Juan 14:2-3).

¡Qué gran esperanza! Aunque los discípulos no entendieron hasta tiempo después, aquí Cristo les da la promesa de que ellos algún día estarían en el reino de Dios. Jesús lo llama «el hogar de mi Padre».

...

Regresemos de nuevo al padrenuestro. Jesús enseña que debemos orar: «Venga tu reino» (Mat. 6:10; Luc. 11:2). Esto se cumplirá de manera completa cuando suceda aquello que Jesús les dijo a Sus discípulos en el aposento alto, que irían a morar a la casa del Padre.

Pero es importante que, para entender la frase «venga tu reino», primero sepamos qué es el reino. Si no sabemos lo que el reino es, ¿cómo podemos desear que venga? Así que analicemos

varias verdades que nos ayudarán a comprender
lo que es el reino.

El reino divino

Lo primero es que es el reino de Dios. Jesús dice
«venga tu reino», con referencia al Padre. La Biblia dice: «Jehová estableció en los cielos su trono, y su reino domina sobre todos» (Sal. 103:19,
RVR60). El reino de Dios se refiere a que Dios
reina y domina sobre todo lo que existe, y nada
se sale de Su reinado. Él es el Rey Soberano del
universo. Así lo dijo (sorprendentemente) el rey
Nabucodonosor:

> Todos los habitantes de la tierra son considera-
> dos como nada; y [Dios] hace según su volun-
> tad en el ejército del cielo, y en los habitantes
> de la tierra, y no hay quien detenga su mano,
> y le diga: ¿Qué haces? (Dan. 4:35, RVR60).

Pero el reino de Dios no se limita a Su dominio, sino que incluye Su plan sobre Su dominio.
La Escritura revela que, desde antes de la funda-
ción del mundo (Ef. 1:4), el Rey Dios planeó sal-
var a un pueblo para que sean reyes sobre la tierra
(Apoc. 5:10).

Esas son las buenas nuevas de la salvación,
el evangelio. Dios es rey, Él tiene un reino y ha
enviado a Su Hijo para rescatar a pecadores que,
por medio de la fe en Jesús, se convertirán en hijos de Dios y serán parte del reino de Dios.

Aquellos que reciben el evangelio por la fe son

parte del reino. Aquellos que rechazan a Jesús son condenados eternamente (Mat. 18:8-9; Mar. 9:48; Juan 3:18) y estarán separados de Dios, sin poder entrar a Su reino (Apoc. 20:10,14-15).

EL REINO PRESENTE

Hay un segundo e importante aspecto del reino de Dios, que es su aspecto presente. Por ejemplo, en el Evangelio de Marcos estas son las primeras palabras que dice Jesús: «Se ha cumplido el tiempo [...]. El reino de Dios está cerca. ¡Arrepiéntanse y crean las buenas nuevas!» (Mar. 1:15). Eso significa que Jesucristo vino al mundo como mensajero de las buenas nuevas. El mensaje era que el reino de Dios estaba cerca y, para entrar a ese reino, debían arrepentirse y creer en el evangelio.

Eso no fue lo único que dijo Jesucristo sobre el aspecto presente del reino. Después, en Su ministerio, Cristo nos enseña que con Su venida de cierta manera el reino ya está presente. En Lucas 11, algunos de los judíos dijeron que Jesucristo podía expulsar demonios por el poder de Satanás. A esto responde Jesús: «Pero si expulso a los demonios con el poder de Dios, eso significa que *ha llegado a ustedes el reino de Dios*» (Luc. 11:20, énfasis agregado). Jesucristo enseña claramente que Su presencia, Sus milagros y Su poder sobre las tinieblas eran evidencia de que el reino había llegado.

El texto más claro sobre esta verdad se encuentra en Lucas 17. Los fariseos le preguntan a Jesucristo sobre cuándo vendría el reino de Dios. Lo que Jesucristo contesta es revelador: «La venida del reino de Dios no se puede someter a cálculos. No van a decir: "¡Mírenlo acá! ¡Mírenlo allá!" Dense cuenta de que el reino de Dios está entre ustedes» (Luc. 17:20-21, énfasis agregado). Lo que Jesucristo enseña en estos versos no da lugar a confusión. De cierta manera, el reino de Dios ya se encontraba entre ellos desde el momento en el que Jesús dijo estas palabras.

Esto es verdad incluso hoy. Es decir, el reino de Dios sigue entre nosotros desde el tiempo de Jesucristo. Él inauguró el reino en Su primera venida, y desde ahora podemos disfrutar de todos los beneficios espirituales del reino de Dios.

Como mencioné anteriormente, al reino se entra por medio del arrepentimiento y la fe. Por lo tanto, cuando te reconoces pecador y recibes la salvación por medio de Jesucristo, entras al reino y te conviertes en su ciudadano.

EL REINO FUTURO

Sin embargo, hay un aspecto más del reino de Dios que debemos considerar: el aspecto futuro. Hay muchos pasajes que podemos analizar sobre este tema. Pero solo veremos algunos que son particularmente importantes.

En el padrenuestro encontramos una pista de esto cuando Jesús dice «venga tu reino» en lugar de decir «ha venido tu reino». En el aposento alto, Jesús les dice a Sus discípulos: «No beberé de este fruto de la vid desde ahora en adelante, hasta el día en que beba con ustedes el vino nuevo en el reino de mi Padre» (Mat. 26:29). Nota cómo Jesucristo habla de beber el fruto de la vid. Beber es algo físico, lo cual nos apunta a que este reino, además de futuro, también es terrenal. Muchos cristianos erróneamente creen que el futuro para los creyentes es solamente espiritual, que vivirán el resto de la eternidad como espíritus incorpóreos. La Escritura, más bien, enseña que cuando Jesús venga, los cristianos recibirán un cuerpo nuevo, un cuerpo resucitado (1 Cor. 15:51-52), con el cual disfrutarán del reino eterno junto con Jesucristo, el cual se llevará a cabo sobre la tierra (Apoc. 20:1-10) y, finalmente, sobre la Nueva Tierra (Apoc. 21:1–22:5).

De la misma manera, el apóstol Pablo entendía que el reino de Dios tenía un aspecto futuro. Varias veces habla sobre él como una herencia futura (1 Cor. 6:9-10; 15:50; Gál. 5:21). En otras palabras, el apóstol Pablo enseña que el reino de Dios es también una herencia futura, y solamente los hijos de Dios participarán de esta herencia. A esta herencia Pedro la llama «indestructible, incontaminada e inmarchitable». Y agrega: «Tal herencia está reservada en el cielo para ustedes» (1 Ped. 1:4).

Apocalipsis, el último libro de la Biblia, habla mucho sobre reinar. Las palabras *reino* y *reinar* aparecen múltiples veces durante el libro.[3] Tiene sentido que la Biblia termine hablando sobre la instauración completa del reino de Dios por

---

[3] Ver, por ejemplo: Apocalipsis 1:9; 5:10; 11:15,17; 12:10; 16:10; 17:12,17-18; 18:7; 19:6; 20:4,6; 22:5.

medio de Jesucristo. Al final de este libro vemos a Jesús descendiendo a la tierra para instaurar el reino (Apoc. 21–22). Jesús viene a establecer Su reino, en donde pondrá «a todos sus enemigos debajo de sus pies» (1 Cor. 15:22; ver Sal. 110:1; Heb. 10:13). Este reino se establece sobre la tierra, no sobre las nubes o sobre otro planeta. Y aquellos que reinan con Jesucristo lo hacen con cuerpos físicos resucitados, glorificados. Cuerpos inmortales, sin la mancha del pecado y sin la posibilidad de pecar (1 Cor. 15:42,50,53-54). ¡Y así reinaremos con Cristo por toda la eternidad!

Entonces, no es que la Biblia se contradiga. Más bien, la enseñanza bíblica sobre el reino de Dios es que *ya está* y *todavía viene*. Hay un aspecto presente del cual podemos gozar desde hoy, y otro aspecto futuro, el cual gozaremos cuando Jesucristo venga con Su Iglesia para reinar con todos aquellos que son Suyos (Apoc. 5:10; 20:4,6; 22:5).

¡Venga tu reino!

En una ocasión entró a nuestra iglesia una mujer que no había venido antes (y que, por cierto, nunca regresó). Al final, me pidió conversar conmigo, y me preguntó:

—¿Tú crees que Jesús viene pronto?

—¡Espero que sí! —le respondí.

Para mi sorpresa, ella me miró horrorizada y dijo:

—¡Yo espero que no! ¿No has leído Apocalipsis? ¡Me da miedo! ¡Hay muchas cosas que todavía quiero hacer antes de que venga Jesús!

Lamentablemente muchos cristianos leen el último libro de la Biblia como si fuera un libro de horror. No me sorprende que tengan una opinión negativa de la venida de Jesús.

Esto se debe a que Apocalipsis suele interpretarse incorrectamente. Es verdad, me parece que el libro se trata del juicio final, el día de la ira de Dios. Sin embargo, el énfasis del libro está en el triunfo absoluto del Cordero, y del reinado del Hijo con la Iglesia.

Si entendemos correctamente lo hermoso que será estar con Cristo, reinar con Él, disfrutar de todas las bendiciones de la presencia de Dios por toda la eternidad... solo entonces, indudablemente, anhelaremos el regreso de Jesucristo con todo nuestro ser. Desearemos Su regreso por encima de cualquier otra cosa en este tiempo, porque no hay nada mejor que la venida de Jesús. ¡Nada!

Aquellos que anhelan el reino de Dios, orarán como Jesús: «Venga tu reino». Y si como Juan, quien escribió el Apocalipsis, ansías la pronta venida de Jesucristo, entonces podrás decir junto con Juan y con toda la Iglesia histórica: «Amén; sí, ven, Señor Jesús» (Apoc. 22:20).

5

Lo mejor que te puede pasar

«Hágase tu voluntad, como en el cielo,
así también en la tierra»
(Mat. 6:10).

¿Qué es lo mejor que te puede pasar? Quizás respondas: «Recibir una promoción en el trabajo». O puede ser que sea que tu novia acepte casarse contigo. Tal vez, ser aceptado en una buena universidad, o comprarte un auto clásico o finalmente hacer ese viaje que tanto anhelas.

Ninguna de estas cosas es necesariamente mala, si no se convierten en lo más importante para ti. De hecho, todas estas cosas se pueden hacer para la gloria de Dios.

Sin embargo, ¿es eso lo mejor que te puede pasar? Quisiera sugerirte que no. Hay algo todavía mejor que cualquiera de esas cosas, o cualquier otra que tengas en mente.

Nuestro Señor Jesucristo, en el padrenuestro, nos enseña qué es cuando dijo: «Hágase tu voluntad» (Mat. 6:10; Luc. 11:2).

Así de sencillo: lo mejor que te puede pasar es que se haga la voluntad de Dios.

Y no solo es lo mejor que te puede pasar a ti; es lo mejor para todos, siempre. El problema es que, aunque no lo digamos en voz alta, muchas veces en lo profundo de nuestro corazón pensamos que nosotros sabemos qué es lo mejor para nosotros.

Muchos cristianos oran a Dios no porque quieran saber cuál es Su voluntad, sino porque quieren confirmación de lo que ya decidieron hacer. «Dios, esto es lo que haré, ¡y quiero que me bendigas!». Otros, peor aún, confunden sus propios deseos egoístas con la voluntad de Dios. «Quiero un carro último modelo y, aunque no tengo el dinero, se lo pediré a Dios». No es lo mismo pedir en fe a pedir un capricho.

Sin embargo, pienso que la gran mayoría de los verdaderos creyentes tienen un sincero deseo de seguir la voluntad de Dios. Pero para muchos, el problema es que la voluntad de Dios parece ser como un objeto mítico que nadie puede encontrar.

A continuación quiero ayudarte a entender dos cosas: primero, qué es la voluntad de Dios, y segundo, qué significa «hágase tu voluntad».

Su voluntad revelada

Lo primero y más importante que debes saber es que Dios no intenta ocultarte Su voluntad. Él no está en el cielo viéndote y pensando: «Tengo una voluntad para él, ¡pero vamos a ver si logra encontrarla!».

No es así. Dios dice: «Te haré entender, y te enseñaré el camino en que debes andar; sobre ti fijaré mis ojos» (Sal. 32:8). Ese es el deseo del corazón de tu Padre celestial. Él quiere que sepas el camino por el cual debes andar.

La Escritura claramente nos enseña cómo seguir la voluntad de Dios. Él nos ha dejado varias herramientas para seguir Su voluntad. Examinemos las más importantes.

La Biblia

La Biblia es la voluntad revelada de Dios. En ella encontrarás lo más importante que Dios quiere para tu vida. Y lo más importante que Dios quiere para ti es que seas como Jesucristo. Así lo dijo Pablo: «La voluntad de Dios es que sean santificados» (1 Tes. 4:3). Antes que nada, Dios quiere que vivas una vida santa. Cualquier decisión que tomes debe estar dirigida por esto.

La Escritura revela también que la voluntad de Dios es que le traigas gloria con tu vida. Dios dice en Isaías: «Trae a todo el que sea llamado por mi nombre, al que yo he creado para mi gloria, al que yo hice y formé» (Isa. 43:7). Debes actuar en tu vida de tal manera que, cuando las personas vean lo que haces, glorifiquen a Dios (Mat. 5:16). Traer gloria a Dios debe ser el norte de tu vida.

Entonces, si quieres saber cuál es la voluntad de Dios, debes leer, meditar y profundizar en la

Biblia, porque en ella encuentras Su voluntad. Debes empaparte de tal manera de la Palabra de Dios que puedas decir como el salmista: «Me agrada, Dios mío, hacer tu voluntad; tu ley la llevo dentro de mí» (Sal. 40:8).

La sabiduría

La sabiduría es otra herramienta para conocer y hacer la voluntad de Dios. La Biblia habla mucho de la sabiduría. De hecho, hay un libro entero destinado a ese tema (los Proverbios). Ante los ojos de Dios, el sabio no es el que tiene mucho conocimiento en general. De hecho, el necio puede tener mucho conocimiento (Ecl. 12:12). El sabio es aquel que pone en práctica las cosas que sabe de Dios. Es decir, la sabiduría es poner en acción el conocimiento bíblico.

Es por eso que esta segunda herramienta va de mano de la primera. Primero aprendemos la Palabra de Dios, en donde encontramos la instrucción para vivir de acuerdo a Su voluntad. Y después, ponemos ese conocimiento en acción por medio de la sabiduría.

Puede ser que por esto batallamos con la voluntad de Dios. Queremos que Dios nos escriba en el cielo lo que debemos hacer, o que nos dé una señal sumamente evidente, como a Gedeón.[4]

Pero Dios quiere que seamos sabios y que to-

---

[4] Por cierto, Gedeón no recibió la señal del vellón de lana para saber la voluntad de Dios. Si lees cuidadosamente el pasaje, te darás cuenta de que Dios ya le había revelado Su voluntad. El episodio del vellón de lana se acerca alarmantemente a tentar a Dios. Dios tuvo misericordia de Gedeón. Pero nunca se nos dice que este debe ser el patrón a seguir por los creyentes.

memos decisiones sabias con base en todo lo que hemos aprendido en Su Palabra. ¡Y eso requiere diligencia! Requiere que leas, medites, hagas. ¿Quieres hacer la voluntad de Dios? Toma una sabia decisión bíblica.

El consejo

«Cuando falta el consejo —dice Proverbios 5:22—, fracasan los planes; cuando abunda el consejo, prosperan». O como lo dice la versión Reina-Valera, «en la multitud de consejeros» es donde encontramos guía para nuestro caminar.

Dios te ha provisto de varios consejeros en tu vida. Si eres joven y todavía vives bajo el techo de tus padres, ellos son un medio que Dios te ha dado para seguir Su voluntad. El deseo de Dios es que obedezcas a tus padres y los honres (Ef. 6:1-3). Puedo dar testimonio de que obedecer a tus padres, incluso en aquellas cosas que no quieres hacer, honra a Dios y le complace. Dios usa la obediencia para cumplir Su voluntad en ti.

También, Dios ha puesto a personas espirituales a tu alrededor. Ser parte de una comunidad de iglesia es fundamental para la vida del creyente. Si eres cristiano, debes congregarte, pues es un mandato de Dios (Heb. 10:25). En todas las iglesias habrá hermanos espirituales que podrán aconsejarte, desafiarte y exhortarte en tu vida (Gál. 6:1).

Por si eso no fuera poco, si eres parte de una iglesia bíblica que busca honrar a Dios, entonces tus pastores han sido puestos por Dios para guiarte. El autor de Hebreos dice: «Obedeced a vuestros pastores, y sujetaos a ellos; porque ellos velan por vuestras almas, como quienes han de dar cuenta» (Heb. 13:17, RVR60). Los pastores no existen para ser dictadores, sino para guiar con la Biblia a las ovejas.

Me gusta lo que una vez escuché decir a un pastor con 50 años en el ministerio: «Yo no tengo ninguna autoridad sobre nadie. La autoridad es de la Palabra de Dios. Mi responsabilidad es darte un consejo bíblico. La tuya es seguirlo».

La fe

Al final, tú debes tomar una decisión. Debes actuar. No te puedes quedar con los brazos cruzados nada más. Dios te da todas estas herramientas para guiarte, pero Él no toma la decisión por ti. Tú la debes tomar.

Si te saturas de Su Palabra, si buscas la sabiduría, si recibes el consejo... ¡es hora de actuar! Te garantizo que la voluntad de Dios no es que te quedes sentado sin hacer nada. Tampoco es que vivas tu vida cristiana paralizado por el miedo. Más bien, Su voluntad es que tomes sabias decisiones bíblicas, para tu crecimiento y para Su gloria.

Ahora que tienes un mejor conocimiento de la voluntad de Dios, podemos regresar al padrenuestro para analizar lo que dijo nuestro Señor Jesucristo: «Hágase tu voluntad, como en el cielo, así también en la tierra» (Mat. 6:10).

Su voluntad sobre todo

El deseo de todo creyente debe ser que la voluntad de Dios se haga por completo. En el cielo, la voluntad de Dios se cumple a la perfección. Desde Su santo trono, Dios rige perfectamente el universo. Su voluntad decretada se cumple al pie de la letra. No hay nada que se salga del plan eterno de Dios. No hay situación alguna que tome al Dios omnisciente por sorpresa. Dios no tiene «planes B», porque desde siempre Él sabe todo lo que sucederá. De lo contrario, Dios no sería Dios.

Pero aquí en la tierra no siempre se cumple la voluntad revelada de Dios. Me refiero a que la gran mayoría de las personas que viven y han vivido en nuestro planeta no siguen la Palabra de Dios y, por lo tanto, no siguen Su voluntad. Lo que encontramos aquí en la tierra hoy es una rebelión constante al señorío de Dios.

Mientras escribo esto, una pandemia mundial ha doblegado a las naciones. Nos hemos visto forzados a recluirnos en nuestros hogares para protegernos a nosotros mismos, a nuestros familiares y a nuestro prójimo de contraer un virus. ¿Ha llevado este virus a que las naciones se humillen delante del Señor? Por lo menos hasta el día de hoy, en su gran mayoría, no. Más bien, seguimos viendo cómo las personas confían en su gobierno, su dinero, su ciencia, su tecnología.

Las naciones rechazan el señorío de Dios. David profetizó esto en el Salmo 2:1: «Se levantan los reyes de la tierra, y los gobernantes traman

unidos contra el SEÑOR y contra su Ungido».
Esto que dijo David se cumplió en el tiempo de
Jesús, y continúa sucediendo hasta hoy. Pablo habló al respecto en Romanos 1, donde la ira del
Dios santo y justo se manifiesta hacia aquellos
que se rebelan contra Él. Eso es precisamente lo
que vemos hoy en día: rebelión contra Dios.

Así que la oración de Jesucristo nos exhorta
a tener el deseo de que más personas se sometan
a la voluntad de Dios. Esto, por supuesto, es lo
mejor para todo ser humano porque, como mencioné arriba, la voluntad de Dios es lo mejor que
nos puede ocurrir.

SU VOLUNTAD SOBRE TI

Indudablemente el mejor ejemplo de esto es
nuestro mismo Señor. Cuando estaba orando en
el jardín de Getsemaní, antes de que fuera arres-
tado y llevado a Su juicio injusto, oraba al Padre
mientras sudaba gotas de sangre. Entonces, hizo
una petición: «Padre, si quieres, no me hagas
beber este trago amargo; pero no se cumpla mi
voluntad, sino la tuya» (Luc. 22:42). Jesús no
exige, sino que se somete a la voluntad de Su
Padre. Jesucristo es verdaderamente Dios y verdaderamente hombre. Él sabía el enorme sufrimiento al que estaba por someterse, además de
que pasaría por el terrible desamparo de Su Padre
(Mat. 27:46). En Su humanidad, Jesús pregunta
si es posible no beber el trago amargo del sufrimiento. Pero agrega: «no se cumpla mi voluntad, sino la tuya».

Cristo, entonces, puso en práctica lo que enseñó. En el momento más crítico de Su existencia aquí en la tierra, cumplió el deseo expresado en el padrenuestro: «hágase tu voluntad como en el cielo, así también en la tierra».

¿Deseas tú hacer la voluntad de Dios? ¿Quieres que esa voluntad se cumpla así como en el cielo, también en la tierra? ¡Esa debe ser tu oración! De la manera que nos enseñó Jesucristo, los creyentes debemos orar continuamente por que se cumpla la voluntad de Dios en nuestra vida y a nuestro alrededor.

Por supuesto, esta oración se consumará cuando Jesucristo venga por segunda vez. Entonces, al establecer Su reino, la voluntad de Dios se cumplirá siempre. Por eso anhelamos Su venida. Por eso deseamos que regrese, como una novia espera que regrese su prometido.

Alégrate, porque eso que oras, muy pronto será una realidad.

6

Tus necesidades importan

«El pan nuestro de cada día, dánoslo hoy»
(Mat. 6:11).

Es una historia que he escuchado de diferentes cristianos, con ligeras variaciones. Pero la historia es prácticamente la misma. Sin embargo, en este caso, le pasó a mis padres. Permíteme contarte.

Cuando mis padres comenzaron su matrimonio, tenían poco dinero. Cuando yo era pequeño, la casa en la que vivíamos no tenía piso, y de broma decían que en la casa de los Elizondo se podía jugar a las canicas adentro, porque el suelo estaba lleno de pozos.

En una ocasión, la comida comenzó a escasear. El refrigerador se iba vaciando. La alacena se quedaba sin comida. Finalmente, una noche, mi padre le dijo a mi madre:

—Solo tenemos para cenar hoy. No hay comida para mañana.

Se sorprendieron cuando alguien llamó a la puerta. No esperaban visita. Fueron a ver quién era, y para su sorpresa, era un hermano en Cristo. Llevaba consigo unas bolsas.

Bolsas de comida.

¿Cómo se había enterado? Mis padres no lo saben. Pero algo sí saben: su Padre celestial estaba enterado. Y había provisto para ellos el pan de cada día.

Me llama la atención que esta misma situación les ha sucedido a varios hermanos en Cristo que conozco. Yo mismo puedo dar testimonio de la provisión de Dios incluso en los momentos de mayor necesidad en mi vida. Esto me habla de que Dios está interesado en proveer las necesidades de Sus hijos.

Él no es un Dios distante. Nuestro Padre se interesa por nosotros. Y eso incluye nuestras necesidades físicas. Si eres hijo de Dios, entonces tú no eres la excepción. Dios también se preocupa por ti, y Su deseo es satisfacer tus legítimas necesidades.

Qué pedir

Lo primero que vale la pena analizar es que Jesucristo habla sobre el «pan nuestro». En la Biblia, el pan puede representar la comida sobre la mesa (Sal. 104:14,15; 105:16). En otra ocasión, Jesucristo agrupó el pan, la bebida y la vestimenta (Mat. 6:31), pues están relacionados.

En el padrenuestro, el pan representa nuestras

necesidades cotidianas. Jesús está hablando de nuestras legítimas necesidades físicas. No está hablando de nuestros caprichos. Es triste ver a personas que oran a Dios pidiéndole cosas egoístas. Eso solamente sucede cuando tenemos nuestra vista puesta en lo terrenal.

Jacobo, por ejemplo, nos advierte sobre pedir mal: «No tienen, porque no piden. Y cuando piden, no reciben porque piden con malas intenciones, para satisfacer sus propias pasiones» (Sant. 4:2-3). El propósito de la oración de petición no es satisfacer nuestras propias pasiones. No debemos orar a Dios como si pudiéramos forzar Su mano para darnos, mucho menos cuando es una petición egoísta.

Jesucristo, sabiamente, enfoca nuestra mirada en aquello que verdaderamente necesitamos. No estoy diciendo que Dios nunca nos vaya a bendecir de tal manera que podamos disfrutar de algunas cosas terrenales que no son estrictamente necesarias (Sant. 1:17). Más bien, intento hacer una llamada de precaución para que cuidemos nuestro corazón al pedir. Como dijo uno de los reformadores: «La mente humana es [...] una forja perpetua de ídolos».[5] Por lo tanto, cuidemos lo que hay en nuestro corazón cuando pedimos.

Entonces, debemos venir a Dios y pedirle que supla nuestras necesidades diarias. Jesucristo agrega: «... de cada día dánoslo hoy». No está pidiendo riquezas. No dijo: «El pan nuestro de todo el año». Tampoco dijo: «El banquete

---

[5] Juan Calvino, *Institutos* I.11.8

nuestro de cada día». Sencillamente pide para que tengamos lo suficiente hoy. De lo contrario, nunca estaremos felices. Pablo dijo: «Así que, teniendo sustento y abrigo, estemos contentos con esto» (1 Tim. 6:8).

Satanás nos engaña cuando nos susurra que estamos a un objeto más de ser felices. No creas esa mentira. El enemigo quiere que pienses que si tan solo tuvieras un carro más bonito, una casa más grande, un aumento de sueldo, otro hijo, un vestido nuevo, un celular más moderno, entonces serías feliz. ¿Te das cuenta de cómo, si piensas así, siempre estás a punto de ser feliz pero nunca lo eres en realidad?

La medicina para eso se llama contentamiento. Cuando estamos contentos con lo que Dios nos ha dado, estaremos satisfechos. Podrá Dios darnos abundancia, podrá mandarnos escasez, pero nuestro gozo no dependerá de nuestras posesiones.

CÓMO PEDIR

Nuestro Señor está de acuerdo con que pidamos. Así que una pregunta importante debe ser: ¿cómo debo pedir? Estamos acostumbrados a pedir quizás como nos enseñaron en casa. O tal vez como escuchamos a otros orar. Pero el cómo pedir debe depender de lo que establece la Escritura. La Biblia nos dice varias cosas. *Primero*, debemos pedir conforme a Su voluntad. Juan escribe: «Ésta es la confianza que tenemos al acercarnos a Dios: que si pedimos conforme a su voluntad, él nos oye» (1 Jn. 5:11). En el capítulo anterior examinamos qué es la voluntad de Dios. Las herramientas que mencionamos nos guían en el cómo pedir conforme a Su voluntad.

Una *segunda* cosa que nos enseña la Escritura es que debemos pedir con confianza. En Mateo 7 Jesús da una enseñanza preciosa sobre la naturaleza de Dios hacia Sus hijos cuando le piden algo. Lee con atención:

> Pidan, y se les dará; busquen, y encontrarán; llamen, y se les abrirá. Porque todo el que pide, recibe; el que busca, encuentra; y al que llama, se le abre. ¿Quién de ustedes, si su hijo le pide pan, le da una piedra? ¿O si le pide un pescado, le da una serpiente? Pues si ustedes, aun siendo malos, saben dar cosas buenas a sus hijos, ¡cuánto más su Padre que está en el cielo dará cosas buenas a los que le pidan! (Mat. 7:7-11).

Tercero, debemos pedir sin ansiedad, sin afán. Más bien, debemos pedir con un corazón agradecido. «No se inquieten por nada —escribe Pablo—; más bien, en toda ocasión, con oración y ruego, presenten sus peticiones a Dios y denle gracias» (Fil. 4:6). De hecho, incluso cuando pedimos por nuestras necesidades terrenales, debemos mantener nuestra vista puesta en lo celestial. El balance lo encontramos cuando, por un lado, analizamos lo que Cristo dijo en el padrenuestro y, por el otro, lo que dijo en Mateo 6. Es un pasaje largo, pero vale la pena meditar en él:

Por eso les digo: No se preocupen por su vida, qué comerán o beberán; ni por su cuerpo, cómo se vestirán. ¿No tiene la vida más valor que la comida, y el cuerpo más que la ropa? [...] ¿Y por qué se preocupan por la ropa? Observen cómo crecen los lirios del campo. No trabajan ni hilan; sin embargo, les digo que ni siquiera Salomón, con todo su esplendor, se vestía como uno de ellos. Si así viste Dios a la hierba que hoy está en el campo y mañana es arrojada al horno, ¿no hará mucho más por ustedes, gente de poca fe? Así que no se preocupen diciendo: «¿Qué comeremos?» o «¿Qué beberemos?» o «¿Con qué nos vestiremos?». Porque los paganos andan tras todas estas cosas, y el Padre celestial sabe que ustedes las necesitan. Más bien, busquen primeramente el reino de Dios y su justicia, y todas estas cosas les serán añadidas (Mat. 6:25,28-33).

Nunca debemos perder de vista el reino de Dios, las cosas espirituales, incluso cuando sufrimos físicamente, pues en «nada se comparan los sufrimientos actuales con la gloria que habrá de revelarse en nosotros» (Rom. 8:18).

Una *cuarta* cosa es que debemos pedir entregados a Su voluntad. Puede ser que el propósito de Dios para nosotros sea que pasemos por sufrimiento. Así ha sucedido con incontables creyentes en la historia de la Iglesia. Incluso el apóstol Pablo sabía bien lo que era sufrir por la causa de Cristo. Pero incluso en esas circunstancias difíciles afirmó que todo lo podía en la fuerza de Jesús

(Fil. 4:13). Job, después de perderlo todo (tanto sus hijos como sus pertenencias), reconoció que Dios era el que da y quita, y bendijo al Señor por ello (Job 1:21). Incluso cuando pasó por duda, al ser acusado por sus amigos, Job llega a apreciar mejor quién es Dios: «De oídas te había oído —dice Job al final del libro—; mas ahora mis ojos te ven» (Job 42:5).

En el capítulo pasado consideramos el ejemplo de nuestro Señor Jesucristo en Getsemaní. En ese momento crítico, Jesús se entregó a la voluntad de Dios. Lo impresionante de ese pasaje es que Dios respondió «no» a la petición de Jesucristo. Jesús pide que si es posible, pase de Él ese trago amargo. Pero Su Padre de cierta manera responde: «No. Es necesario que tomes de la copa».

Piensa en eso. Nuestro Padre celestial sabe lo que es mejor para nosotros, y a veces lo mejor es que nos diga «no». El «no» del Padre puede ser la más grande bendición para tu vida.

POR QUÉ PEDIR

Entonces, debemos pedir por nuestras necesidades diarias, y debemos hacerlo de la manera que establece la Escritura. Pero hay otra pregunta importante que debemos responder: ¿por qué pedir?

Ya aludí a esto a principios del capítulo, pero quiero reiterarlo. Pedimos porque Dios así lo desea. Cuando oramos, no solamente pedimos cosas, por supuesto; el padrenuestro nos da un excelente balance para evitar que nuestras ora-

ciones se concentren solamente en peticiones.
Pero eso no significa que no debamos pedir.

¿Recuerdas lo que dijo Jesús? «Pidan, y se les
dará; busquen, y encontrarán; llamen, y se les
abrirá» (Mat. 7:7). Algunos cristianos confunden la «hiper-espiritualidad» con la verdadera
espiritualidad. Piensan que cualquier petición
física es necesariamente inferior a las peticiones
que consideran espirituales. Por lo tanto, muchas
veces ni siquiera hacen peticiones «materiales».

Este síntoma ha sido común durante la historia de la Iglesia. Viene de un entendimiento
parcial de cómo hemos sido creados.[6] La realidad es que fuimos creados con dos partes; una
material (el cuerpo) y otra inmaterial (el alma o
espíritu). Ambas partes fueron creadas por Dios.
Debemos mantener un correcto balance y poner
atención a esas dos partes, porque están perfectamente unidas en nuestra persona.

Por todo esto podemos afirmar, junto con Jesucristo, que es legítimo pedir por el pan nuestro
de cada día.

Considero que la razón más importante por la
cual pedimos es porque queremos traer gloria a
Dios. Cuando el enfoque de nuestras peticiones,
incluso las peticiones materiales, es la gloria de
Dios, entonces pediremos conforme a Su voluntad. Nuestro enfoque debe ser que el nombre de
Dios sea glorificado en nuestra vida.

---

[6] En la teología, este pensamiento se le llama «gnosticismo». Los
gnósticos eran una secta pseudocristiana (falsamente cristiana) que
consideraba cualquier cosa material como pecaminosa e inferior a lo
espiritual.

VE A ÉL

¿Cuáles son tus necesidades? Llévalas delante de Dios. Tienes un Padre celestial que se inclina para escuchar tus oraciones. Derrama tu corazón delante de Él, sométete a Su voluntad y observa cómo satisface tus necesidades. Él sabe lo que es mejor para ti, porque te conoce y te formó. No hay situación en la que te encuentres que se haya salido de Sus planes.

Ese es el Dios que servimos. El Dios bueno. El Dios cercano. El Dios que se preocupa. Acude a Él hoy.

7

Perdonado y perdonando

«Y perdónanos nuestras deudas, como también
nosotros perdonamos a nuestros deudores»
(Mat. 6:12).

No es fácil perdonar.

Cualquiera que piense lo contrario quizás
nunca ha sido víctima de alguna ofensa grande.
Sin embargo, puesto que vivimos en un mundo
caído y lleno de pecado, es muy probable que alguien te haya hecho algo que sea difícil de perdonar, incluso de olvidar.

Es por eso que la doctrina cristiana del perdón
es una de esas enseñanzas que son fáciles de leer
pero difíciles de poner en práctica. A lo largo de
los años he hablado con personas que me han
dicho: «Nunca lo podré perdonar», o «Jamás
podré olvidar lo que me hizo».

Puede ser que ese seas tú. Tal vez mientras lees
estas palabras, no pudiste evitar pensar en una
persona o situación que te ha causado dolor. Si
ese es tu caso, déjame decirte algo: no estás solo.

No pienses que eres la única persona que carga con un peso así.

Hay una diferencia entre la enseñanza cristiana del perdón y la que enseña el mundo. Es una diferencia gigantesca. El mundo te dice que debes perdonar solamente si la persona te pide perdón. Incluso si te pide perdón, no tienes ninguna obligación a perdonar. Tú eliges si quieres hacerlo o no.

En contraste, la enseñanza bíblica del perdón tiene su base en la naturaleza y el carácter de Dios. El perdón cristiano no se enfoca en el ser humano, en sus sentimientos o en su voluntad. Más bien, se enfoca en Dios. En quién es Él y en lo que ha hecho por nosotros.

En este capítulo nos enfocaremos en la parte del padrenuestro donde Jesucristo enseña sobre el perdón. Veamos lo que dijo tanto en Mateo como en Lucas:

> Y perdónanos nuestras deudas, como también nosotros perdonamos a nuestros deudores (Mat. 6:12).

> Y perdónanos nuestros pecados, porque también nosotros perdonamos a todos los que nos deben (Luc. 11:4).

Si quieres entender lo que Jesucristo quiso decir con esta parte de la oración, primero debes comprender lo que es el perdón de Dios. Eso veremos a continuación.

El perdón de Dios

Lo primero que debes saber es que nadie tiene la potestad de perdonar nuestros pecados, más que Dios. Ni siquiera tú mismo puedes perdonar tus pecados. Dios es quien perdona. Jesucristo dirige esta oración a Dios («perdónanos») porque el único que tiene el poder para finalmente perdonar nuestros pecados es Dios mismo.[7] Esta enseñanza la vemos claramente desde el Antiguo Testamento. Podemos ver el carácter misericordioso y perdonador de Dios cuando se le apareció a Moisés. En esa ocasión, Dios proclamó:

> ¡Jehová! ¡Jehová! fuerte, misericordioso y piadoso; tardo para la ira, y grande en misericordia y verdad; que guarda misericordia a millares, que perdona la iniquidad, la rebelión y el pecado, y que de ningún modo tendrá por inocente al malvado... (Ex. 34:6-7, RVR60).

De la misma manera, el salmista escribió: «Oh Dios y salvador nuestro, [...] líbranos y perdona nuestros pecados» (Sal. 79:9). El profeta Isaías, en uno de los versículos más hermosos de toda la Biblia, declara: «Que abandone el malvado su camino, y el perverso sus pensamientos. Que se vuelva al SEÑOR, a nuestro Dios, que es generoso para perdonar, y de él recibirá misericordia» (Isa. 55:7).

Esa misma enseñanza también la vemos en el

---

[7] Por supuesto, Jesús, puesto que es Dios, la segunda persona de la Trinidad, también tiene poder para perdonar pecados (Mat. 9:6).

Nuevo Testamento. El apóstol Pablo, al hablar de la obra redentora de Jesucristo, dijo a los creyentes en la ciudad de Colosas: «ustedes estaban muertos en sus pecados. Sin embargo, Dios nos dio vida en unión con Cristo, al perdonarnos todos los pecados y anular la deuda que teníamos pendiente por los requisitos de la ley» (Col. 2:13-14). Entonces la Biblia es muy clara sobre quién es el que finalmente puede perdonarnos: Dios.

Lo segundo que debes saber es que *Dios te perdona por medio de Jesucristo*. Dios no te perdona por ser una buena persona. Tampoco porque hayas hecho buenas obras (lee Ef. 2:8-9). Mucho menos porque seas un muy buen tipo.

No. Dios te perdona por Cristo.

Cuando Jesucristo estaba colgado en la cruz, poco tiempo antes de expirar y dar Su vida por el mundo, nuestro Señor dijo algo que nos muestra Su corazón perdonador hacia nosotros los pecadores. «Padre [...], perdónalos, porque no saben lo que hacen» (Luc. 23:34). Cristo Jesús nos extiende Su perdón no porque lo merezcamos, sino porque sabe que en nosotros mismos no hay nada que nos haga merecedores del perdón de Dios. Si no fuera por la gracia de Dios, continuaríamos en nuestra rebelión y desobediencia (ver Rom. 3:10). Sin embargo, «siendo aún pecadores, Cristo murió por nosotros» (Rom. 5:8, RVR60).

El apóstol Pablo le dice a los efesios que ellos debían perdonar a otros «así como Dios los perdonó a ustedes en Cristo» (Ef. 4:32). Más adelante hablaremos sobre las implicaciones de este pasaje. Por ahora, nota que el perdón recibido por un cristiano es «en Cristo».

Esto nos lleva a una tercera cosa que debes saber: *Dios perdona por gracia.* La gracia es un regalo inmerecido de Dios. Decir que Dios nos perdona por gracia quiere decir que el perdón se nos otorga inmerecidamente. En otras palabras, es un regalo que Dios da libremente a personas que no lo merecen.

En una ocasión una persona me dijo: «No sé si Dios pueda perdonarme. ¡Siento que no lo merezco!». Mi respuesta no fue decirle: «No digas eso, ¡claro que lo mereces!». Mi respuesta más bien fue todo lo contrario. Le dije: «¡Tienes razón! No lo mereces. Pero Dios no te perdona porque lo merezcas. Dios te perdona por medio de Jesucristo. Te perdona por gracia».

Eso lo vemos, por ejemplo, en Efesios 1:7: «En [Cristo] tenemos la redención mediante su sangre, el perdón de nuestros pecados, conforme a las riquezas de la gracia». Hemos sido, de acuerdo a este pasaje, redimidos (comprados) por la sangre de Cristo, y por lo tanto nuestros pecados han sido perdonados. Y esto es solo posible «conforme a las riquezas de la gracia». Eso quiere decir que Dios es tan rico en gracia, que esta no se agota, sino que es suficiente para perdonarnos.

El perdón de Dios es absoluto

Analizamos entonces, que es Dios quien perdona. Ahora veremos que Dios otorga un perdón absoluto. En palabras sencillas, esto significa que cuando Dios te perdona por medio de Jesucristo, Él perdona todos tus pecados: pasados, presentes y futuros. De lo contrario, la obra de Jesucristo sería insuficiente y dependería de ti mismo. Pero Jesucristo en la cruz dijo: «Consumado es» (Juan 19:30). Eso quiere decir que allí en la cruz Cristo pagó todo. No una parte, no la mitad, sino todo. Recuerda que cuando Cristo pagó por tus pecados en la cruz, ¡todos tus pecados eran futuros!

Es por eso que Pablo afirma que «Dios nos dio vida en unión con Cristo, al perdonarnos *todos los pecados*» (Col. 2:13, énfasis agregado). No solo una parte. *Todos.*

Si eso es verdad, ¿entonces por qué debemos confesar nuestros pecados, como dice 1 Juan 1:9? La respuesta es relativamente sencilla. La Escritura enseña que cuando un verdadero hijo de Dios peca, no es su salvación lo que pierde, sino su *relación* con Dios.

A esto aludió Cristo en Mateo 5:23-24:

> Por lo tanto, si estás presentando tu ofrenda en el altar y allí recuerdas que tu hermano tiene algo contra ti, deja tu ofrenda allí delante del altar. Ve primero y reconcíliate con tu hermano; luego vuelve y presenta tu ofrenda.

En el Salmo 66:18 leemos: «Si en mi corazón hubiera yo abrigado maldad, el Señor no me habría escuchado». El profeta Isaías dice: «Son las iniquidades de ustedes las que los separan de su

Dios. Son estos pecados los que lo llevan a ocultar su rostro para no escuchar» (Isa. 59:2). Tu relación con Dios es de suma importancia. Por lo tanto, confesamos nuestros pecados para mantener una relación correcta con Él.

Con esto en mente podemos entender lo que Juan nos quiso decir al afirmar: «Si confesamos nuestros pecados, Dios, que es fiel y justo, nos los perdonará y nos limpiará de toda maldad» (1 Jn. 1:9). Si eres hijo de Dios, cuando confiesas tus pecados, Dios los perdona y restaura Su relación contigo. Él es fiel, puesto que nos perdona continuamente. El perdón de Dios es continuo porque no está basado en nosotros, en si lo merecemos o no, sino en Cristo que ha pagado ya. Pero también es *justo*, porque nuestros pecados quedaron pagados en la cruz. Dios no simplemente los pasa por alto, alguien tuvo que pagar, y ese fue Jesús. ¡Gloria a Dios, Cristo pagó por tus pecados!

El perdón de Dios debe reflejarse

Espero que ahora tengas una mejor comprensión del perdón de Dios. Regresemos, entonces, al padrenuestro. «Perdónanos nuestras deudas», dice el pasaje en Mateo, y «perdónanos nuestros pecados», dice el pasaje en Lucas. La palabra «deuda» se refiere a la deuda que tenemos contra Dios cuando no cumplimos Su voluntad, cuando lo ofendemos (mira unos versos más adelante en Mat. 6:14-15). Es decir, se refiere a cuando pecamos. Tú y yo debemos continuamente venir delante de Dios en arrepentimiento y confesión por nuestros pecados.

Jesús continúa diciendo: «como también nosotros perdonamos a nuestros deudores». Lo que este pasaje no dice es que el perdón de Dios está condicionado a tu perdón (tus obras). Algunos leen más adelante en Mateo 6:14-15 y llegan a esa conclusión. Pero hay varios problemas con esa interpretación. Primero, ya vimos que claramente la Escritura establece que Dios nos otorga Su perdón por gracia en Cristo. Este perdón no se concede por obras. Segundo, si el perdón de Dios estuviera condicionado por mis obras, ¡estaría en grandes aprietos! Somos seres humanos débiles, y fácilmente nos dejamos llevar por nuestros sentimientos. Si Dios me perdonara dependiendo de si yo perdono, muchas veces no me perdonaría.

Hay una mejor forma de interpretar este pasaje. Cristo está hablando del deseo y de la realidad interna del creyente verdadero. Es decir, se refiere a la actitud que debe tener un verdadero cristiano que ha entendido el perdón de Dios en su vida.

Así que esta oración refleja, por un lado, un deseo: nuestro deseo debe ser perdonar a otros de la misma manera que Dios nos ha perdonado. Cuando entiendo el inmensurable perdón de Dios, ¿cómo podría negarle el perdón a otra persona? Si Dios ha perdonado todos mis pecados, ¿con qué argumentos podría negarle el perdón a otro? Una persona que dice ser cristiana y no desea perdonar probablemente no ha entendido o experimentado el perdón de Dios en su vida.

Esta oración refleja, también, una realidad: puesto que he sido perdonado (esa es mi realidad), debo perdonar a otros. El verdadero creyente perdona porque ha sido perdonado. De la misma manera que has recibido perdón por gracia, debes otorgar el perdón demostrando la misma gracia. Así lo dijo Pablo: «y perdónense mutuamente, así como Dios los perdonó a ustedes en Cristo» (Ef. 4:32).

El perdón es lo mínimo

No dudo que alguno se estará preguntando: «Esto suena bastante difícil de hacer. ¿Hasta qué punto debo perdonar a alguien que continúa pecando contra mí?». Muy buena pregunta. De hecho, Pedro hizo exactamente esa pregunta.

> Entonces se le acercó Pedro y le dijo: Señor, ¿cuántas veces perdonaré a mi hermano que peque contra mí? ¿Hasta siete? Jesús le dijo: No te digo hasta siete, sino aun hasta setenta veces siete (Mat. 18:21-22, RVR60).

Quizás Pedro se sintió bastante bien al sugerir perdonar siete veces, especialmente porque los fariseos enseñaban que se debía perdonar máximo tres. La respuesta de Jesús debió dejarlo con los ojos y la boca abierta. ¡Setenta veces siete! El punto de la respuesta de Jesucristo no es que puedes dejar de perdonar después de 490 veces. Jesús intenta recalcar que debemos perdonar siempre. De hecho, en Lucas 17:3-5, Cristo responde a varias preguntas que muchos de nosotros tendríamos. Lee el pasaje cuidadosamente, y pon atención a cómo respondieron los discípulos.

> Si tu hermano peca, repréndelo; y si se arrepiente, perdónalo. Aun si peca contra ti siete veces en un día, y siete veces regresa a decirte «Me arrepiento», perdónalo. Entonces los apóstoles le dijeron al Señor: «¡Aumenta nuestra fe!».

Creo que muchos de nosotros responderíamos igual que los apóstoles de Jesucristo: «¡Aumenta nuestra fe!». Nos parece que, para perdonar así, necesitamos una gran cantidad de fe. Pero si continúas leyendo el pasaje, Jesucristo reprende a Sus discípulos por pensar así. Primero les dice: «Si ustedes tuvieran una fe tan pequeña como un grano de mostaza [...], podrían decirle a este árbol: "Desarráigate y plántate en el mar", y les obedecería» (Luc. 17:6). En otras palabras: la cantidad de fe no es el problema.

Luego Jesús les cuenta la parábola de los «siervos inútiles» (Luc. 17:7-10). Cuando un siervo hace lo que se espera de él, no tiene nada de qué jactarse, porque es lo menos que se espera de él. De la misma manera, cuando entendemos la magnitud del perdón de Dios, la belleza de Su gloriosa gracia, lo incomprensible de Su amor demostrado en Jesús, lo menos que se espera de nosotros es que perdonemos a otros. Así termina la parábola: «Así también ustedes, cuando hayan hecho todo lo que se les ha mandado, deben decir: "Somos siervos inútiles; no hemos hecho más que cumplir con nuestro deber"».

No era la cantidad de fe el problema, no. Era que los discípulos todavía no comprendían la base del perdón: la base del perdón es Dios mismo. No perdonamos porque otros lo merezcan. Perdonamos porque hemos sido perdonados. Perdonamos porque entendemos que el perdón cristiano se otorga inmerecidamente, por gracia.

Un gran perdón

Por lo tanto, la próxima vez que ores esta frase del padrenuestro, recuerda todo lo que implica. Acuérdate de lo que Dios ha hecho por ti, y actúa para con otros de la misma manera. Tú y yo hemos recibido el gran perdón de Dios en Jesucristo, ¡y sin merecerlo!

Nunca podremos entender por completo la magnitud del amor de Dios demostrado en Su perdón. Ni la eternidad es suficiente tiempo para agradecer a Dios por Su infinita misericordia para con nosotros. Si tan grande perdón hemos recibido, otorguemos un gran perdón hacia otros.

8

Pasar la prueba

«Y no nos metas en tentación, mas líbranos del mal»
(Mat. 6:13).

—No lo vayas a tocar, porque si lo haces, te cortarás —le dije a mi hermanita.

Estábamos en la cocina en la casa de mis padres, y yo acababa de abrir una lata de atún. Ya sabes, esas que se abren con abrelatas. Al abrirla, la tapa es bastante filosa.

Una de mis hermanas pequeñas estaba conmigo. Puse la lata cerca de ella en la mesa, después de haberle dado la advertencia. Me di la vuelta para tomar otra cosa, e inmediatamente escuché un grito.

Me giré. Vi a mi hermana, con un dedo levantado, llorando. Había una pequeñita gota de sangre en su dedo. Se había cortado con la lata de atún.

—¡Pero te dije que no la tocaras! —le dije incrédulo—. ¿Por qué lo hiciste?

No se me olvida lo que respondió:

—Quería ver si era cierto.

¿No te parece que muchas veces somos así con Dios? En la Biblia Él nos ha dejado lo que desea para nosotros. Allí podemos leer Su voluntad. En ella encontramos múltiples advertencias. Y sin embargo, muchas veces vamos directamente al pecado, «a ver si es cierto» que es malo.

Nuestro Señor Jesucristo sabe perfectamente bien lo débiles que somos. Antes de Su arresto, cuando oraba en el huerto, advirtió a Sus discípulos: «Estén alerta y oren para que no caigan en tentación. El espíritu está dispuesto, pero el cuerpo es débil» (Mat. 26:41).

La tentación era real no solamente para los discípulos de Cristo. Jesús mismo fue tentado. Satanás lo tentó en el desierto (Mat. 4:1-11). La diferencia es que nosotros constantemente caemos en la tentación, mientras que Jesucristo fue «tentado en todo de la misma manera que nosotros, aunque sin pecado» (Heb. 4:15).

Por lo tanto, tenemos el mejor Maestro, aquel que aunque fue tentado, nunca pecó. Cuando oramos, debemos pedir así como Jesucristo nos enseñó: «no nos metas en tentación». Pero ¿qué quiere decir esto? Vamos a analizarlo.

La realidad de la prueba

Cuando pensamos en la palabra «tentación», suele venir a nuestra mente la idea de seducir a una persona a caer en pecado. Hay que dejar en claro que Jesús no está diciendo que Dios busca seducir a Sus hijos para ver si caen en pecado. De hecho, Jacobo claramente advierte en contra de pensar así: «Que nadie, al ser tentado, diga: "Es Dios quien me tienta". Porque Dios no puede ser tentado por el mal, ni tampoco tienta él a nadie» (Sant. 1:13). Entonces, Jesucristo de ninguna manera está enseñando que Dios de manera activa seduce al pecado.

En el idioma en que fue escrito el Nuevo Testamento, la palabra «tentación» también significa «prueba».[8] En otras palabras, Jesucristo está expresando un deseo que todos los creyentes debemos tener con respecto a la tentación o la prueba. El deseo de no ser puestos en una situación de prueba que pueda ser usada por Satanás para hacernos caer en pecado.

La prueba es una realidad en la vida de los creyentes. De hecho, hay varios ejemplos de esto en la Biblia. Adán, por ejemplo, fue puesto a prueba en el Jardín del Edén. Satanás, el tentador (así se le llama en Mat. 4:3), logró seducir a la primera pareja y, al pecar Adán, se introdujo el pecado en el mundo (Rom. 5:12).

Abraham fue puesto a prueba en Génesis 22, cuando Dios le mandó sacrificar a Isaac, el hijo de la promesa. Abraham fue obediente, y Dios proveyó un carnero en sustitución de su hijo.

Quizás el ejemplo más conocido en el Antiguo Testamento es el de Job. En el primer capítulo de Job vemos que Satanás, con el permiso

[8] Que en griego es «peirasmos».

de Dios (Job 1:7-12), pone de cabeza la vida del patriarca cuando repentinamente pierde todo lo que tenía, incluyendo a sus hijos. Al final, aunque Job sí atraviesa la dificultad, Dios lo vindica al bendecirlo grandemente (Job 42:10-17). Esta historia ilustra la verdad de que si bien es Satanás el que destruye todo lo que Job tenía, esto sucede bajo el decreto de Dios. Job mismo reconoce esto cuando dice: «Jehová dio, y Jehová quitó; sea el nombre de Jehová bendito» (Job 1:21, RVR60).

En el Nuevo Testamento está el ejemplo de Jesucristo mismo. Antes de comenzar Su ministerio en la tierra, Él fue llevado por el Espíritu al desierto para ser tentado por Satanás (Mat. 4:1). No es Dios quien lo tienta; es Satanás. Pero Dios lo permite. Es más, es el Espíritu quien «llevó a Jesús al desierto para que el diablo lo sometiera a tentación» (Mat. 4:1). Por lo tanto, aunque Dios no puede ser tentado ni Él tienta a nadie, debemos reconocer que en Su absoluta soberanía, Dios puede permitir que Sus hijos sean puestos a prueba. Pero Su deseo no es que caigamos, sino que por medio del Espíritu triunfemos como Jesús.

Cuando oramos «no nos metas en la prueba», estamos pidiendo que por la misericordia de Dios no seamos sometidos a una prueba en la que terminaremos cayendo. Es una oración que reconoce nuestra propia debilidad. De manera práctica, orar así es decirle a Dios: «Señor, tú sabes que soy débil. Tú sabes que caigo fácilmente. Guárdame de situaciones en las que termine cayendo en la tentación». Aunque al final nos sometemos a la voluntad de Dios (¿recuerdas a Jesús en Getsemaní?), nuestro deseo es que nuestro Padre nos libre de esas situaciones.

LA CAUSA DE LA PRUEBA

La segunda parte de esta frase que estamos estudiando nos ayuda a entender una de las causas principales de la prueba. Dice: «mas líbranos del mal». La palabra «mal» se puede traducir también como «maligno». Satanás es nuestro enemigo. Pedro escribió que nuestro «adversario el diablo, como león rugiente, anda alrededor buscando a quien devorar» (1 Ped. 5:8). Satanás se aprovecha de nuestra debilidad para hacernos caer y pecar en contra de Aquel que nos salvó. Cuando eso sucede, inmediatamente el diablo nos comienza a acusar delante del Padre.

¿Te ha pasado, no? Caes en pecado, e inmediatamente te sientes lleno de culpa. Te da vergüenza pedir perdón, porque no te sientes merecedor del perdón de Dios. Lo que debes hacer en ese momento es predicarte a ti mismo el evangelio. Recuerda, de nuevo, que Dios no te perdona porque lo merezcas, ni tampoco Su perdón depende de tus sentimientos. Todo está basado en la obra de Jesucristo. Por eso Juan dice: «Mis queridos hijos, les escribo estas cosas para que no pequen. Pero si alguno peca, tenemos ante el Padre a un intercesor [abogado], a Jesucristo, el Justo» (1 Jn. 2:1).

Sería fácil pensar que siempre que caemos es culpa de Satanás o sus demonios. Pero la triste

realidad es que, muchas veces, el diablo no nece-
sita mucha ayuda. Nuestra misma carne nos hace
caer. Mira lo que dice Santiago 1:14-15:

> ... cada uno es tentado cuando sus propios ma-
> los deseos lo arrastran y seducen. Luego, cuan-
> do el deseo ha concebido, engendra el pecado;
> y el pecado, una vez que ha sido consumado,
> da a luz la muerte.

¡Los rastros de nuestra antigua naturaleza nos
hacen caer! ¿Y qué debes hacer cuando caes en
pecado por culpa de tus propios malos deseos? Ir
a Jesucristo, por supuesto. Pablo se sentía miserable porque muchas veces hacía lo que no quería
hacer. De hecho, clamó: «¡Soy un pobre miserable! ¿Quién me librará de este cuerpo mortal?
¡Gracias a Dios por medio de Jesucristo nuestro
Señor!» (Rom. 7:24-25). Pablo no se quedó sin-
tiéndose como un pobre miserable. Inmediatamente da gracias por Jesucristo, porque sabe que
es en Jesucristo en donde encontramos la salvación y el perdón siempre.

Pero hay otro elemento que también puede
hacer que caigamos en pecado cuando estamos
en una prueba. Me refiero al mundo. No al planeta Tierra en general, sino al sistema anti-Dios
que impera en nuestro mundo. Juan habló al respecto: «Porque nada de lo que hay en el mundo
—los malos deseos del cuerpo, la codicia de los
ojos y la arrogancia de la vida— proviene del Padre sino del mundo» (1 Jn. 2:16).

El mundo busca que los hijos de Dios caigan

en pecado. O, por lo menos, quiere distraerlos. Hoy en día tenemos distracciones por todos lados. Las redes sociales continuamente nos recuerdan que no somos lo suficientemente populares, ricos o hermosos. El mundo nos dice que si le diéramos rienda suelta a nuestros deseos sexuales, finalmente nos sentiríamos realizados. Que si tan solo tuviéramos un poco más de dinero, una casa más grande, un auto más nuevo, un celular más veloz, seríamos felices. Que si aplastamos a todos a nuestro alrededor para subir la escalera del éxito, hallaremos la satisfacción.

Pero nada de eso satisface. Como dijo el pastor Agustín, quien vivió en los años 300 de la era cristiana: «Nos creaste para ti, y nuestra alma no encuentra reposo hasta hallar descanso en ti».[9] ¡Hemos sido creados para Dios!

LA SOLUCIÓN A LA PRUEBA

El evangelio nos lleva de nuevo a la cruz. En la cruz de Jesucristo, en Su obra de salvación, encontramos la solución para la prueba. El evangelio nos recuerda que nuestro Padre celestial tiene un propósito bueno para con nosotros. Incluso cuando somos sometidos a prueba y la tentación busca seducirnos, Dios nos da la solución en Jesús. Así lo afirmó Pablo:

> Ustedes no han sufrido ninguna tentación que no sea común al género humano. Pero Dios es fiel, y no permitirá que ustedes sean tentados

[9] Agustín, *Confesiones* I.1.1

más allá de lo que puedan aguantar. Más bien, cuando llegue la tentación, él les dará también una salida a fin de que puedan resistir (1 Cor. 10:13).

Sí, Dios nos da la salida. Él ha provisto todas las armas que necesitamos para librar la batalla en contra del pecado. ¿Cuáles son estas armas? Déjame mencionarte algunas:

El evangelio nos recuerda la obra de Jesucristo y el perdón que obtenemos en Él.

La Escritura nos alimenta y nos hace sabios para seguir la voluntad de Dios y negar nuestros deseos pecaminosos.

La gracia de Dios nos brinda fuerza para salir adelante en medio de la prueba (2 Tim. 2:1).

El consejo sabio nos brinda dirección por medio de las personas espirituales que Dios trae a nuestra vida (Gál. 6:1).

Así que aunque es cierto que, mientras estemos en esta vida, pasaremos por prueba, ora a Dios para que te libre de situaciones en las que caigas. Si tu deseo es honrar y traer gloria a Dios, querrás servirle en santidad y amor. Es verdad que no es fácil. De hecho, es imposible en tus propias fuerzas. Pero Dios no te ha dejado solo. Te ha dado las armas para librar la batalla y salir victorioso. Levanta tu mirada, mira a Jesucristo, recuerda el glorioso evangelio, y sal victorioso. Vayamos, pues, en oración, y humildemente pidamos: «no nos metas en la prueba, sino líbranos del maligno».

9

Solo a Dios la gloria

«... porque tuyo es el reino, y el poder, y la gloria,
por todos los siglos. Amén»
(Mat. 6:13).

—¿Cuál es el propósito de tu existencia?

Esa fue la pregunta que nos hizo el profesor. Yo cursaba mi segundo año en la universidad cristiana, y el profesor nos hizo esta pregunta que, aunque no lo creas, nunca me había hecho.

Crecí en una familia cristiana, y he asistido a la iglesia desde que tengo memoria. ¡Seguramente sabía la respuesta! No podía ser demasiado difícil, ¿no?

Comencé a responder en mi mente con varias opciones. El propósito de mi existencia es... *obedecer a Dios; compartir el evangelio; tener comunión con Jesucristo; reunirme con la iglesia...*

No eran malas respuestas. Pero no daban exactamente en el blanco. El profesor dejó que su pregunta nos hiciera reflexionar, y finalmente dijo:

—El propósito de nuestra existencia es glorificar a Dios y disfrutar de Él por siempre.

SENCILLA Y PROFUNDA

Esa declaración fue como una explosión en mi mente. Recuerdo haber salido de esa clase como flotando. No podía dejar de pensar que, si lo que el profesor había dicho era cierto, entonces esa verdad debía revolucionar mi vida por completo.

Decidí investigar si la Biblia, efectivamente, apoyaba esa frase. Porque de ser así, entonces la gloria de Dios y el disfrute de Dios debían ser mi más grande anhelo. Todo lo que hiciera debía regirse por esa realidad.

Busqué en mi Biblia y encontré estos versículos:

Señor mi Dios, con todo el corazón te alabaré, y por siempre glorificaré tu nombre (Sal. 86:12).

... todos los llamados de mi nombre; para gloria mía los he creado, los formé y los hice (Isa. 43:7, RVR60).

Así alumbre vuestra luz delante de los hombres, para que vean vuestras buenas obras, y glorifiquen a vuestro Padre que está en los cielos (Mat. 5:16, RVR60).

Porque habéis sido comprados por precio; glorificad, pues, a Dios en vuestro cuerpo y en vuestro espíritu, los cuales son de Dios (1 Cor. 6:20, RVR60).

En conclusión, ya sea que coman o beban o hagan cualquier otra cosa, háganlo todo para la gloria de Dios (1 Cor. 10:31).

¡Era cierto! ¡El propósito de mi existencia es traer gloria a Dios y por toda la eternidad disfrutar de tener comunión con Él!

El profesor nos dijo que él no había inventado esa frase. Más bien, venía de un pequeño librito escrito por un grupo de pastores ingleses en el siglo XVII. Este librito está escrito en formato de preguntas y respuestas, y la primera pregunta va así:

Pregunta: ¿Cuál es el propósito principal del hombre?

Respuesta: El propósito principal del hombre es glorificar a Dios y disfrutar de Él por siempre.[10]

Es una respuesta sencilla y profunda. Me gustan ese tipo de respuestas, porque me recuerdan la manera en que Jesucristo mismo enseñaba, con sencillez, pero al mismo tiempo con una riqueza inagotable.

---

[10] Pregunta 1 del Catecismo menor de Westminster.

Todo para Su gloria

En Mateo, el padrenuestro termina con: «...
porque tuyo es el reino, y el poder, y la gloria, por
todos los siglos. Amén» (Mat. 6:13). Esta última
frase es una oración que se empezó a usar en los
primeros siglos de la era cristiana. No forma parte de la oración original que enseñó Jesucristo,
sino que fue agregada por los primeros creyentes
como una respuesta final de adoración a Dios.
Empezó a usarse de manera amplia en las iglesias
para el segundo siglo después de Cristo.

Puedo entender por qué los primeros creyentes terminaban esta oración de Cristo así. El padrenuestro nos lleva a levantar nuestros ojos al
cielo para exaltar a Dios.

Indudablemente, la razón por la cual podemos orar y traer nuestras peticiones delante de Él
es porque todo le pertenece. Así lo dice el Salmo
50:

> Porque mía es toda bestia del bosque, y los mi-
> llares de animales en los collados. Conozco a
> todas las aves de los montes, y todo lo que se
> mueve en los campos me pertenece. [...] Por-
> que mío es el mundo y su plenitud (Sal. 50:10-
> 12, RVR60).

Todo es de Dios. El reino es Suyo. La gloria
es de Él. El poder le pertenece. No hay nada en
este mundo que se salga de Su completa soberanía. Me encanta la frase del teólogo Abraham
Kuyper:

No hay centímetro cuadrado en todo el dominio de la existencia humana sobre el cual Cristo, quien es soberano sobre todo, no diga: «¡Es mío!».

Confía

Estás llegando casi al final de este libro. Te felicito por tu perseverancia. Gracias por dejarme hablar contigo este tiempo que hemos estudiado juntos esta porción de la Palabra.

Hay algo que quiero decirte. No te vayas sin escucharlo:

Puedes confiar en Dios.

Si nuestro Padre celestial es el dueño del universo, si no hay una molécula que se salga de Su control, si los vientos y el mar le obedecen, si los reinos se postran ante Su majestad, si los querubines se cubren ante Su santidad... puedes confiar en que estás en buenas manos. Y no solo confiar, ¡Él quiere que disfrutes de tener comunión con Él!

Qué mejor manera de terminar nuestra oración a Dios que glorificándole con nuestra boca. ¡Tuyo es el reino, Dios! ¡Tuyo es el poder! ¡Tuya es la gloria! No solo ayer, no solo hoy, sino por siempre.

Termino con esta hermosa cita por el apóstol Pablo. Medita en ella. Deja que se impregne en tu corazón:

¡Oh profundidad de las riquezas de la sabiduría y de la ciencia de Dios! ¡Cuán insondables son sus juicios, e inescrutables sus caminos! Porque ¿quién entendió la mente del Señor? ¿O quién fue su consejero? ¿O quién le dio a él primero, para que le fuese recompensado? Porque de él, y por él, y para él, son todas las cosas. A él sea la gloria por los siglos. Amén (Rom. 11:33-36).

¡Amén!

10

Una vida de oración

«**Oren sin cesar**», dice el apóstol Pablo (1 Tes. 5:17). No sé si seas como yo, pero siempre que leo esta frase pienso en lo difícil que es cumplirla. ¿Cómo podemos orar continuamente?

Evidentemente Pablo no se refiere a que dejemos de hacer todas nuestras actividades diarias para dedicarnos a la oración las 24 horas, los siete días de la semana. Más bien, se refiere a tener una actitud de oración continua. Que mantengamos un espíritu de oración durante nuestro día. Esto solo es posible por la gracia de Dios y bajo el control del Espíritu.

Quisiera terminar este libro dándote algunos consejos prácticos que me han ayudado a mí a mantener un espíritu de oración. Recuerda que estos son consejos, no mandamientos bíblicos. Aún así, espero que te sean de ayuda.

1. Separa un tiempo

Separar un tiempo específico dedicado a la oración te ayudará a mantener un espíritu de oración durante el día. La Escritura nos muestra que podemos ir delante de Dios por la mañana (Sal. 63:1), por la tarde (Dan. 6:10) o por la noche (Luc. 6:12).

Busca el tiempo correcto. Para algunos, la mañana será ideal, especialmente si puedes comenzar tu día en silencio, leyendo la Biblia y orando. Para otros, la tarde será mejor. Habrá quien preferirá la noche, cuando los niños ya estén dormidos, por ejemplo.

Por cierto, no siempre tienes que orar a solas. Recuerda que puedes orar con tu cónyuge, con tu familia, y muy importante, con tu iglesia. Si has dejado de asistir a las reuniones de oración en tu congregación, pon delante de Dios separar un tiempo para ello.

2. Sé intencional

El padrenuestro nos ha enseñado a orar con intencionalidad. Ya por varios años, cuando oro por la mañana, escribo en una libreta cuatro cosas: adorar; confesar; pedir; entregar. Estas cuatro cosas me ayudan a enfocarme en lo que enseña la Biblia sobre la oración, y me ayudan a recordar a orar con variedad y no de manera monótona o automática.

Comienzo adorando a Dios por lo que es y ha hecho por mí, confieso mi pecado delante de

Él, después traigo las peticiones de mi corazón y finalmente me entrego de nuevo a Él, para que haga conmigo lo que bien le parezca.

También puedes tomar cada una de las enseñanzas que hemos visto en este libro e integrarlas a tu oración diaria. Esa sería una de las mejores cosas que puedes hacer para orar bíblicamente.

Por cierto, te recomiendo tener una libreta de oración, en donde apuntes peticiones y respuestas de oración. No tiene que ser una libreta, por supuesto; puede ser en tu teléfono móvil o computadora/ordenador.

3. Sé espontáneo

Además de orar en tiempos específicos, se espontáneo en tu vida de oración. Se dice que el reformador Martín Lutero comenzaba toda actividad diciendo: «En el nombre de Cristo hago esto», porque quería mantener un espíritu de oración y adoración en sus actividades diarias.

Algo que me ha ayudado a mí es seleccionar un versículo bíblico de mi lectura diaria, y usarlo durante el día para memorizarlo, meditarlo y orarlo. De esa manera, a diferentes horas del día puedo orar la Palabra de Dios.

También, mantente atento a las impresiones del Espíritu. Durante el día, el Espíritu Santo traerá a tu mente personas, cargas y situaciones. Haz una pausa en ese momento y eleva una oración espontánea a Dios. No lo dejes para después. No tiene que ser una oración larga. Lo puedes hacer en ese momento.

4. Persevera

Indudablemente habrá momentos en tu vida en los que te sentirás desanimado por tu vida de oración. Todos pasamos por esos valles. No te quedes allí. Persevera. Recuerda que Dios está obrando en ti, y terminará la obra que ha comenzado en tu vida (Fil. 1:6).

Si descuidas tu vida de oración, confiesa ese pecado delante de Dios, acepta el perdón que Dios te da por gracia, cobra fuerza en el Espíritu y persevera. Recuerda: la vida cristiana no es una carrera corta; es un maratón.

Como Jesús

¡Qué gran ejemplo hemos encontrado en nuestro Salvador! El deseo de nuestro corazón debe ser que seamos hechos a Su imagen. Mi oración para ti es que a través de este libro hayas sido desafiado a profundizar en tu vida de oración.

Esa es mi oración para ti. Es mi oración para mí. Que podamos ser como el Maestro, que aprendamos de Él y que podamos orar como Jesús.

LifeWay Liderazgo

RECURSOS

PARA PASTORES Y LÍDERES

WWW.LIFEWAYLIDERAZGO.COM